Pinguine
Die schönsten Geschichten

Herausgegeben von
Michaela Kenklies

Piper München Zürich

Weitere Tier-Anthologien in der Serie Piper:
Elefanten (3040)
Delphine (3310)

Originalausgabe
Dezember 2002
© für diese Ausgabe:
2002 Piper Verlag GmbH, München
Umschlag/Bildredaktion: Büro Hamburg
Isabel Bünermann, Julia Martinez/
Charlotte Wippermann, Katharina Oesten
Umschlagabbildung: Christian Kämpf
Gesamtherstellung: Clausen & Bosse, Leck
Printed in Germany   ISBN 3-492-23724-X

www.piper.de

INHALT

Andrej Kurkow

Picknick auf dem Eis

Zuerst landete einen Meter vor seinen Füßen ein Stein. Viktor sah sich um – zwei Männer beobachteten ihn grinsend. Sie standen auf der Straße neben einer Baustelle, das Kopfsteinpflaster war aufgerissen. Einer bückte sich, nahm noch einen Pflasterstein in die Hand und schleuderte ihn schräg wie auf einer Kegelbahn in Viktors Richtung. Nach dem ersten Schrecken machte er, daß er wegkam – sein Gang ähnelte dem eines Wettkampfgehers. ›Nur nicht rennen!‹ sagte er sich. Erst vor seinem Haus blieb er stehen und warf einen Blick auf die große Uhr an der Ecke – 21.00 Uhr. Alles still und menschenleer. Als er bei der Haustür ankam, war seine Angst verschwunden. Die einfachen Leute langweilen sich heutzutage, Vergnügen können sie sich nicht mehr leisten. Da kegeln sie eben mit Pflastersteinen.

In der Küche war es dunkel. Wieder mal gab es keinen Strom und damit kein Licht. Im Finstern hörte man die watschelnden Schritte des Pinguins Mischa. Der war im Herbst vor einem Jahr in Viktors Leben aufgetaucht, als der Zoo hungrige Tiere an alle Leute verschenkte, die in der Lage waren, sie zu füttern. Viktor holte sich damals einen Königspinguin. Eine Woche vorher hatte ihn seine Freundin verlassen. Er hatte sich einsam gefühlt. Aber der Pinguin Mischa brachte seine eigene Einsamkeit mit, jetzt ergänzten sich die beiden Einsamkeiten, was eher den Eindruck einer gegenseitigen Abhängigkeit als den einer Freundschaft erweckte.

Viktor suchte sich eine Kerze, zündete sie an und stellte sie in einem leeren Mayonnaisegläschen auf den Tisch. Im diffusen, aber poetischen Kerzenlicht suchte er im Halbdunkel

Papier und Füller. Er setzte sich mit dem Blatt Papier vor der
Kerze an den Tisch. Diese weiße Seite galt es zu füllen. Wäre
Viktor ein Dichter gewesen, würden jetzt gereimte Zeilen
über das leere Blatt fließen, aber er war kein Dichter, sondern ein Schriftsteller, der zwischen journalistischen Versuchen und kleinen Prosaarbeiten steckengeblieben war. Das
Beste, was er zustandegebracht hatte, waren kurze Geschichten. Sehr kurze. So kurze, daß er, selbst wenn man ihm
etwas dafür bezahlte, davon nicht leben konnte.

Draußen krachte ein Schuß. Viktor zuckte zusammen,
duckte sich, schlich vorsichtig ans Fenster, aber es war nichts
zu sehen. Dann kehrte er zu seinem Blatt Papier zurück.
Seine Phantasie arbeitete schon an einer Geschichte um diesen Schuß herum. Diese Geschichte reichte genau für eine
Seite – nicht mehr und nicht weniger. Bei den letzten tragi-
schen Worten der neuen kurzen Erzählung ging das Licht
wieder an. Die Deckenlampe flammte auf. Viktor pustete die
Kerze aus, nahm gefrorene Fische aus dem Tiefkühlfach und
warf sie in Mischas Schüssel.

Am nächsten Morgen, als er seine neue Geschichte noch einmal getippt und sich von dem Pinguin verabschiedet hatte,
ging Viktor zur Redaktion einer neuen, großen Zeitung. Sie
druckten alles mögliche ab, von kulinarischen Rezepten bis
zu Neuigkeiten der postsowjetischen Kleinkunstbühne. Den
Redakteur der Zeitung kannte er ziemlich gut – sie hatten
einige Male fröhlich zusammen gepichelt, und danach hatte
ihn der Chauffeur der Zeitung stets nach Hause gefahren.

Der Redakteur begrüßte ihn lächelnd und klopfte ihm auf
die Schulter. Er bat die Sekretärin, einen Kaffee zu kochen,
und überflog professionell mit einem Blick das mitgebrachte
Werk.

»Nein, Alter«, sagte er schließlich. »Sei bitte nicht sauer.
Das geht nicht. Hier muß entweder mehr Blut her oder über-

haupt was anderes, eine fulminante oder skandalöse Liebesgeschichte. Versteh doch, von einer Zeitungserzählung erwarten die Leute eine Sensation.«

Viktor verabschiedete sich und ging ohne auf den Kaffee zu warten.

Ganz in der Nähe befand sich die Redaktion der ›Hauptstadtnachrichten‹. Viktor gelang es nicht, zum Chefredakteur vorzudringen, also klopfte er bei der Kulturabteilung an die Tür.

»Eigentlich drucken wir überhaupt keine Literatur«, informierte ihn ein alter Kulturredakteur sehr freundlich und höflich. »Aber lassen Sie es mal da. Möglich ist alles. Vielleicht in irgendeiner Freitagsausgabe. Wissen Sie, aus Gründen der Ausgewogenheit. Wenn es zu viele schlechte Nachrichten gibt, wollen die Leser gern was Neutrales. Ich werde mir Ihre Geschichte mal ansehen!«

Er befreite sich von seinem Besucher mit einer Visitenkarte und wandte sich wieder seinem mit Papieren überhäuften Schreibtisch zu. Erst da begriff Viktor, daß er nicht einmal ins Büro gebeten worden war. Das ganze Gespräch hatte zwischen Tür und Angel stattgefunden.

Zwei Tage später klingelte das Telefon.

»Hier sind die ›Hauptstadtnachrichten‹«, ertönte eine helle, resolute Frauenstimme. »Der Chefredakteur möchte Sie sprechen.«

Der Hörer wanderte von einer Hand in die andere.

»Viktor Aleksejewitsch?« fragte eine Männerstimme.

»Ja.«

»Könnten Sie heute zu uns kommen? Oder sind Sie beschäftigt?«

»Ja – das heißt nein«, antwortete Viktor. »Ich habe Zeit.«

»Dann schicke ich Ihnen einen Wagen vorbei. Einen blauen ›Shiguli‹. Wo wohnen Sie?«

Viktor diktierte seine Adresse. Der Chefredakteur, der sich nicht einmal vorgestellt hatte, verabschiedete sich und sagte: »Bis gleich.«

›Ob das wegen der Erzählung ist‹, dachte Viktor, als er sich ein Hemd aus dem Schrank suchte. – ›Nein, wohl kaum wegen der Erzählung ... Was brauchen die meine Erzählung? Obwohl, man kann nie wissen, ach, hol's der Teufel!‹

In dem blauen ›Shiguli‹ vor dem Hauseingang wartete ein sehr höflicher Chauffeur, der Viktor in die Redaktion brachte.

»Igor Lwowitsch«, stellte sich der Redakteur vor und streckte die Hand aus. »Schön, Sie kennenzulernen.«

Der Chefredakteur sah eher wie ein gealterter Sportler als wie ein Journalist aus. Vielleicht war dem ja auch so, aber in seinen Augen schimmerte jene merkwürdige Ironie, die eher von Verstand und Bildung kommt als vom Konditionstraining in der Sporthalle.

»Setzen Sie sich doch! Einen Kognak?« Er unterstrich seine Worte mit einer herrschaftlichen Geste.

»Nein, danke. Vielleicht einen Kaffee ...«, bat Viktor, während er sich in dem Ledersessel vor einem imponierend großen Schreibtisch niederließ.

Der Chefredakteur nickte. Dann nahm er den Telefonhörer und sagte: »Zwei Kaffee.«

»Wissen Sie«, begann er und maß Viktor mit einem wohlwollenden Blick, »vor kurzem haben wir noch über Sie gesprochen, und gestern kommt unser Boris Leonidowitsch, unser Kulturredakteur, zu mir und sagt: ›Werfen Sie da mal einen Blick drauf‹ und schiebt mir Ihre kleine Erzählung hin. Eine hervorragende Erzählung ... Da fiel mir wieder ein, daß wir neulich schon mal von Ihnen gesprochen hatten, und ich wollte Sie gern kennenlernen ...«

Viktor hörte zu und nickte höflich. Igor Lwowitsch machte eine Pause, lächelte und fuhr fort.

»Viktor Aleksejewitsch, möchten Sie für uns arbeiten?«

»Was soll ich denn schreiben?« fragte Viktor, dem sich schon bei der bloßen Vorstellung einer neuen journalistischen Zwangsarbeit das Herz zusammenkrampfte.

Igor Lwowitsch wollte antworten, aber gerade in dem Augenblick kam die Sekretärin mit dem Tablett herein, stellte die Tassen, Kaffee und Zuckerdose auf den Tisch. Der Chefredakteur brach mitten im Wort ab, als hielte er den Atem an, und wartete, bis die Sekretärin wieder draußen war.

»Es ist streng vertraulich«, sagte er. »Wir brauchen einen talentierten Autor für Nekrologe, einen Meister des kurzen Genres. Kompetent, kurz und ziemlich außergewöhnlich. Verstehen Sie?« Er sah Viktor hoffnungsvoll an.

»Das heißt, ich soll in der Redaktion sitzen und warten, bis jemand stirbt?« fragte Viktor leise und vorsichtig, als ob er eine bestätigende Antwort befürchtete.

»Natürlich nicht! Die Arbeit ist viel interessanter und verantwortungsvoller. Sie müßten eine Kartei von ›Kreuzchen‹ anlegen – so nennen wir hier die Nekrologe – von noch lebenden Menschen, angefangen bei bekannten Politikern über Gangster bis hin zu Prominenten in Kultur und Kunst. Ich möchte, daß Sie so schreiben, wie noch nie jemand über Tote geschrieben hat. Ihrer Erzählung nach zu urteilen, glaube ich, Sie können das!«

»Und wie sieht das mit dem Honorar aus?« fragte Viktor.

»Fangen wir mal mit 300 Dollar an. Was die Arbeitszeit betrifft, haben Sie völlig freie Hand. Ich muß natürlich auf dem laufenden sein, wer sich in Ihrer Kartei befindet. Kein noch so zufälliger Unfall sollte uns unvorbereitet überraschen! Und noch eine Bedingung. Sie müßten unter Pseudonym schreiben. Das ist übrigens auch in Ihrem Interesse.«

»Was für ein Pseudonym?« fragte Viktor, eher sich selber als den Chefredakteur.

»Denken Sie sich eins aus, und wenn Ihnen keins einfällt, können Sie erst einmal mit ›Der engste Freundeskreis‹ unterschreiben.«

Viktor nickte.

Zu Hause trank Viktor vor dem Schlafengehen einen Tee und dachte über das Thema Tod nach. Es fiel ihm leicht. Er fühlte sich ausgezeichnet, hätte lieber einen Wodka als einen Tee getrunken. Aber Wodka war keiner da.

Man hatte ihm ein tolles Spiel angetragen. Und obwohl Viktor noch nicht wußte, wie er seine neuen Verpflichtungen erfüllen sollte, spürte er den wunderbaren Vorgeschmack von etwas Neuem und Außergewöhnlichem. Der Pinguin Mischa watschelte auf dem Korridor herum und stupste von Zeit zu Zeit an die geschlossene Küchentür. Schließlich fühlte sich Viktor schuldig und ließ Mischa herein. Der blieb neben dem Tisch stehen. Da er fast einen Meter groß war, konnte er alles auf dem Tisch überblicken. Er betrachtete die Teetasse, dann richtete er seinen Blick auf Viktor. Er sah ihn durchdringend an, wie ein durch Erfahrung klug gewordener Parteifunktionär. Viktor wollte dem Pinguin etwas Gutes tun, ging ins Badezimmer und ließ kaltes Wasser in die Wanne laufen. Der Pinguin schlurfte beim Geräusch des fließenden Wassers sofort heran und stürzte sich in die Fluten, ohne abzuwarten, bis die Wanne voll war.

Morgens fuhr Viktor in die Redaktion der ›Hauptstadtnachrichten‹, um sich vom Chefredakteur ein paar praktische Tips geben zu lassen.

»Wie soll ich alle Personen aussuchen?« fragte Viktor.

»Nichts einfacher als das. Schauen Sie nach, über wen die Zeitungen schreiben. Sie können sich natürlich auch selber Leute aussuchen – das Vaterland kennt ja nicht alle seine Helden, viele bleiben auch gern inkognito …«

Nachdem er alle nur möglichen Zeitungen gekauft hatte,

kam Viktor abends nach Hause und setzte sich an den Küchentisch.

Die ersten Zeitungen gaben ihm Stoff zum Nachdenken, er unterstrich die Namen der *Very Important Persons* und schrieb sie in ein Arbeitsheft. Viel Arbeit wartete auf ihn. Allein aus den wenigen Zeitungen hatte er ungefähr sechzig Namen herausgeschrieben.

Dann trank er Tee und dachte weiter nach, jetzt schon über die literarische Gattung. Seine Texte sollten lebendig und gefühlvoll sein, so daß selbst ein einfacher Kolchosbauer mit den Tränen zu kämpfen hätte, wenn er den Nachruf über den ihm unbekannten Verstorbenen las. Am nächsten Morgen suchte er sich eine Person für das erste ›Kreuzchen‹ aus. Nun brauchte er nur noch das Okay des Chefs.

Morgens um halb zehn, nach der ›Absegnung‹ durch Igor Lwowitsch, einer Tasse Kaffee und der feierlichen Überreichung eines Presseausweises, kaufte Viktor eine Flasche finnischen Wodka am Kiosk und machte sich auf den Weg zum Empfangszimmer von Alexander Jakornitzkij, ehemals Schriftsteller, nun Parlamentsabgeordneter.

Als der Abgeordnete hörte, daß ihn ein Korrespondent der ›Hauptstadtnachrichten‹, interviewen wollte, war er sehr erfreut. Er bat die Sekretärin gleich, allen weiteren Besucher abzusagen und niemanden mehr zu ihm zu lassen.

Nachdem er es sich bequem gemacht hatte, stellte Viktor die Flasche finnischen Wodka und ein Diktiergerät auf den Tisch. Der Abgeordnete stellte ebenso flink zwei Kristallgläschen neben die Flasche.

Der Abgeordnete redete munter drauflos, ohne irgendwelche Fragen abzuwarten. Über sein Amt, über seine Kindheit, über seine Zeit als Komsomolzengruppenleiter an der Uni. Als die Flasche zur Neige ging, prahlte er mit seinen Fahrten nach Tschernobyl, wobei sich angeblich Tschernobyl positiv auf seine Potenz ausgewirkt hatte, was im Zweifelsfall seine Frau, Lehrerin einer Privatschule, bezeugen könne und auch seine Geliebte, Sängerin an der Nationaloper.

Beim Abschied umarmten sie sich. Der Abgeordnete hinterließ bei Viktor einen äußerst lebendigen Eindruck, vielleicht sogar zu lebendig für einen Nekrolog. Aber das war ja der Witz: jeder Verstorbene war gerade noch lebendig gewesen, und die Zeilen des Nekrologs sollten seine schwindende Wärme bewahren. Die Texte durften nicht hoffnungslos düster sein.

Zu Hause schrieb Viktor schnell den Nekrolog – er setzte ein ›Kreuzchen‹ neben den Namen des Abgeordneten –, eine zwei Seiten lange warmherzige Erzählung über einen lebendigen, sündigen Menschen. Er brauchte noch nicht einmal in die Tonbandaufzeichnung hineinzuhören, alles war noch ganz frisch in seinem Gedächtnis.

Als Igor Lwowitsch am nächsten Morgen den Text las, war er sehr angetan.

»Das ist ja ein Kunstwerk!« sagte er. »Wenn nur der Ehemann dieser Opernsängerin den Mund hält … ›Um ihn mögen heute viele Frauen trauern, aber wir, obwohl wir auch ihrer gedenken, bringen all unser Mitgefühl der Gattin und noch einer Frau entgegen, deren Stimme, wenn sie zu der Kuppel der Nationaloper hinaufflog, nur für ihn erklang und doch für alle hörbar war.‹ Schön! Sehr schön! Weiter so!«

Kühner geworden, wandte sich Viktor an Igor Lwowitsch: »Mir fehlen ein paar Informationen, und wenn ich mit jedem ein Interview machen soll, dann brauche ich dafür viel Zeit. Haben Sie in Ihrer Zeitung nicht eine Art Kartei …«

Der Chef lächelte.

»Natürlich«, sagte er. »Das wollte ich dir schon selber vorschlagen. In der Kriminalabteilung. Ich sage Fjodor Bescheid, damit du überall dran kannst.«

Viktors Leben organisierte sich nun wie von selber entsprechend seinem Arbeitsplan. Er arbeitete mit voller Kraft. Gut,
daß Fjodor von der Kriminalabteilung ihm alles, was er
hatte, anvertraute. Und er hatte viel: von den Namen der
Liebhaber und Liebhaberinnen der *Very Important Persons*
bis zu den konkreten Sündenfällen dieser Leute, aber auch
anderen Ereignissen ihres Lebens. Von Fjodor erhielt Viktor
die fehlenden Details aus den Lebensläufen, die wie besonders pikante indische Gewürze den Nachruf – ein langweili-
ges Gericht aus einer traurigen Grundsubstanz – in ein Gericht für Gourmets verwandelten. Und regelmäßig legte er
dem Chef die nächsten Texte auf den Tisch. Alles lief ausgezeichnet. In seiner Hosentasche klimperte Geld – nicht sehr
viel, aber für Viktors bescheidene Bedürfnisse völlig ausreichend. Das einzige, was ihn manchmal quälte, war der
fehlende Ruhm, und sei es auch der eines anonymen Schriftstellers. Allzu zählebig waren seine Helden. Von mehr als
hundert ›zu Tode‹ geschriebenen VIPS war nicht nur keiner
gestorben, sondern nicht einmal einer krank geworden.
Aber diese düsteren Gedanken brachten Viktor nicht aus
dem Arbeitsrhythmus. Er blätterte fleißig die Zeitungen
durch, schrieb Namen heraus, verbiß sich in die Biographien
dieser Leute. ›Das Vaterland soll seine Helden kennen‹ –
sagte er sich immer wieder.

Es war an einem Novemberabend. Draußen regnete es.
Mischa-Pinguin nahm wieder mal ein Bad. Und Viktor
dachte gerade an die sture Langlebigkeit seiner Helden.
Plötzlich klingelte das Telefon.

»Igor Lwowitsch hat mir Ihre Telefonnummer gegeben«,
sagte eine heisere Männerstimme. »Ich muß Sie sprechen.
Ich habe ein Anliegen.«

Als er den Namen des vertrauten Redakteurs hörte, war
Viktor gern zu einem Treffen bereit.

Eine halbe Stunde später begrüßte er bei sich zu Hause

einen etwa vierzigjährigen, durchtrainierten, geschmackvoll gekleideten Mann. Der Gast brachte eine Flasche Whisky mit, und sie setzten sich gleich an den Tisch.

»Mischa«, stellte der Gast sich vor. Viktor lachte auf und wurde sofort verlegen.

»Entschuldigen Sie, so heißt mein Pinguin«, sagte er.

»Ich habe einen guten alten Freund, der sehr krank ist ...«, begann der Gast. »Wir sind gleich alt und kennen uns seit unserer Kindheit. Er heißt Sergej Tscherkalin. Ich möchte seinen Nekrolog bei Ihnen bestellen. Nehmen Sie so was an?«

»Natürlich«, antwortete Viktor. »Aber ich brauche Fakten aus seinem Leben, möglichst etwas Persönliches.«

»Kein Problem«, sagte Mischa. »Ich weiß alles über ihn. Ich kann Ihnen alles erzählen ...«

»Bitte.«

»Er ist der Sohn eines Schlossers und einer Kindergärtnerin. Seit seiner Kindheit träumte er von einem Motorrad, und als er die Schule beendet hatte, kaufte er sich schließlich eine ›Minsk‹, aber dafür mußte er ein bißchen was stehlen. Jetzt schämt er sich sehr für seine Vergangenheit. Dabei ist sein heutiges Leben auch nicht viel besser. Wir sind Kollegen, wir befassen uns mit der Gründung und Schließung von Trusts, nur daß ich dabei erfolgreich bin und er nicht. Vor kurzem hat ihn seine Frau verlassen, und nun ist er völlig allein. Er hatte noch nicht einmal eine Geliebte.«

»Wie hieß seine Frau?«

»Lena ... Es geht ihm überhaupt ziemlich mies, dazu kommt noch sein Gesundheitszustand ...«

»Was hat er denn?« fragte Viktor.

»Verdacht auf Magenkrebs und eine chronische Prostatitis.«

»Und was ist für ihn das Wichtigste im Leben?« fragte Viktor.

»Das Wichtigste? Ein silbriger ›Lincoln‹, den er nie besitzen wird ...«

Sie begossen ihr Gespräch mit Whisky. Diesem Cocktail von Worten und Alkohol entstieg eine dritte Person. Neben ihnen am Tisch saß der von seiner Frau verlassene Pechvogel Sergej Tscherkalin in erbärmlichem Zustand, krank, einsam mit seinem unerfüllbaren Traum von einem silbrigen ›Lincoln‹.

»Wann soll ich vorbeikommen?« fragte Mischa zum Schluß.

»Morgen.«

Als Mischa gegangen war, hörte Viktor auf der Straße das Geräusch eines anspringenden Automotors. Er blickte aus dem Fenster und sah vor seinem Hauseingang einen silbrigen ›Lincoln‹, lang und protzig, davonfahren.

Er fütterte Mischa mit einer gefrorenen Scholle. Dann kehrte er in die Küche zurück, setzte sich an den Tisch und begann, den bestellten Nekrolog zu schreiben. Durch das kleine Fenster zwischen Bad und Küche konnte er das Plätschern des Wassers hören. Und während er einen Entwurf für das ›Kreuzchen‹ niederschrieb, lächelte er und dachte an den Pinguin, der das klare kalte Wasser so liebte.

Der Herbst ist die beste Zeit, um Nekrologe zu schreiben; die Zeit des Welkens, des Trauerns, der Suche nach dem Vergangenen. Der Winter dagegen ist eine gute Zeit fürs Leben, er ist an sich fröhlicher mit seinem erfrischenden Frost und dem in der Sonne glitzernden Schnee. Aber bis zum Winter war es noch ein paar Wochen hin, und während dieser Zeit konnte man schon einen ganz schönen Vorrat für das nächste Jahr anhäufen. Eine Menge Arbeit war zu bewältigen.

Draußen goß es wieder in Strömen, als Mischa-Nicht-Pinguin zu ihm kam. Er las den Nekrolog und war sehr zufrieden. »Wieviel?« fragte er und zückte seine Brieftasche.

Der Hausherr zuckte mit den Schultern. Bis jetzt war er immer monatlich bezahlt worden.

»Na hör mal«, sagte Mischa. »Gute Arbeit muß auch anständig bezahlt werden.«

Mit dieser Feststellung konnte man schwerlich nicht einverstanden sein, und Viktor nickte.

Mischa überlegte. »Du solltest wenigstens doppelt so viel wie die teuerste Nutte bekommen ... Sind 500 Grüne okay?«

Die Bemessung des Honorars nach dem maximalen Tarif für Prostituierte gefiel Viktor gar nicht, die Summe dagegen sehr. Er nickte wieder und bekam von Mischa fünf Hundertdollarscheine.

»Wenn du nichts dagegen hast, suche ich dir noch ein paar Kunden!« schlug Mischa vor.

Viktor hatte nichts dagegen.

Mischa-Nicht-Pinguin ging fort. Draußen hielt das graue Regenwetter an. Die Zimmertür schwang auf, und Mischa-Pinguin stand auf der Schwelle. Er stand eine Minute lang da, ging dann zu seinem Herrchen, schmiegte seinen Körper an dessen Knie und blieb so stehen. Viktor streichelte das liebe Tier.

Nachts hörte Viktor, der einen leichten Schlaf hatte, den unter Schlaflosigkeit leidenden Pinguin in der Wohnung hin- und herschlurfen. Er watschelte herum und ließ alle Türen sperrangelweit offen. Manchmal schien er stehenzubleiben und tief zu seufzen, wie ein alter Mann, der des Lebens und seiner selbst überdrüssig war.

Am Morgen rief Igor Lwowitsch an und bat Viktor, in die Redaktion zu kommen.

Bei einer Tasse Kaffee erörterten sie den letzten Stand der ›Kreuzchen-Kartei‹. Grundsätzlich war der Chef zufrieden.

»Unser einziges Manko ist«, sagte er, »daß alle unsere zukünftigen Verstorbenen Kiewer sind. Natürlich zieht die

Hauptstadt alle mehr oder weniger bedeutenden Leute magnetisch an, aber auch in anderen Städten leben berühmte Leute.«

Viktor hörte aufmerksam zu und nickte von Zeit zu Zeit.

»Wir haben unsere Korrespondenten überall«, fuhr der Chef fort. »Sie sammeln schon die notwendigen Informationen. Man muß nur hinfahren und alles, was sie gesammelt haben, bei ihnen abholen. Mit der Post ist es hoffnungslos, und dem Fax sollte man solche Sachen nicht anvertrauen. Übrigens würde ich Sie bitten, sich dessen anzunehmen ...«

»Wessen?« fragte Viktor.

»Man muß in einige Städte fahren, um alle diese Materialien abzuholen ... Erst nach Charkow, dann nach Odessa, wenn es Ihnen nichts ausmacht. Natürlich auf Kosten der Redaktion ...«

Viktor war einverstanden.

Auf der Straße nieselte es wieder. Auf dem Nachhauseweg ging Viktor in ein Café, bestellte einen einfachen Kognak und einen doppelten Mokka. Er wollte sich aufwärmen.

Das Café war leer und ruhig. Die richtige Atmosphäre für jemanden, der von der Zukunft träumen oder – auch umgekehrt – sich an die Vergangenheit erinnern wollte.

Viktor nippte am Kognak. Ein vertrauter Geruch kitzelte seine Nase. »Hm! Echter!« freute er sich.

Der angenehme Aufenthalt im Café, diese Ruhepause zwischen Vergangenheit und Zukunft, mit einem Gläschen Kognak und einem Täßchen Kaffee, stimmte ihn romantisch. Er fühlte sich weder einsam noch unglücklich, sondern eher als vollwertiger Cafébesucher, der sein geringfügiges Bedürfnis nach innerer Wärme befriedigte. Fünfzig Gramm echter Kognak – und schon strömte die Wärme in zwei entgegengesetzte Richtungen – nach oben, in den Kopf, und nach unten, in die Füße. Und die Gedanken verlangsamten sich.

Früher hatte Viktor davon geträumt, Romanschriftsteller

zu werden. Aber er hatte es noch nicht einmal bis zu Novellen geschafft. Obwohl er ein paar unvollendete Manuskripte zwischen Aktendeckeln herumliegen hatte. Aber das war es dann auch, es war ihr Schicksal, unvollendet zu bleiben. Er hatte einfach kein Glück mit den Musen. Aus irgendeinem Grund hielten sie sich in seiner Zweizimmerwohnung nie lange genug auf, als daß er wenigstens eine Erzählung hätte zu Ende schreiben können. Daher auch sein Mißerfolg in dieser Gattung. Die Musen waren erstaunlich in ihrem Verhältnis zu ihm. Vielleicht war er auch selber schuld, weil er sich so unzuverlässige Musen aussuchte. Nun aber, allein mit seinem Pinguin, beschäftigte er sich trotz allem weiter mit dem kurzen Genre, und wurde jetzt nicht mal schlecht dafür bezahlt.

Durch und durch aufgewärmt, verließ er das Café. Draußen regnete es immer noch. Der Tag war fad und feucht.

Bevor er nach Hause zurückkehrte, kaufte er in einem Geschäft noch ein Kilo gefrorenen Lachs für Mischa.

Vor der Reise nach Charkow mußte Viktor noch ein Problem lösen: bei wem sollte Mischa-Pinguin bleiben? Wahrscheinlich würde der Pinguin eine dreitägige Einsamkeit problemlos überstehen, aber Viktor machte sich Sorgen. In Gedanken ging er alle Bekannten durch – Freunde hatte er leider keine –, aber sie waren alle eher entfernte Bekannte, und Viktor wollte sich nicht an sie wenden. Er kratzte sich am Hinterkopf und trat ans Fenster.

Draußen nieselte es. Neben dem Hauseingang unterhielt sich ein Polizist mit einer alten Nachbarin. Viktor erinnerte sich an den alten Witz vom Pinguin und dem Polizisten und lächelte. Er ging zum Telefon und suchte in seinem Notizbuch die Nummer seines Revierpolizisten.

»Leutnant Fischbein«, antwortete eine klare Männerstimme am anderen Ende der Leitung.

»Entschuldigen Sie«, stammelte Viktor und suchte nach Worten. »Ich habe eine Bitte an Sie ... Ich wohne in Ihrem Revier ...«

»Ist was passiert?« unterbrach ihn der Revierpolizist.

»Nein. Bitte, denken Sie nicht, daß ich einen Witz mache. Das Problem ist, ich muß für drei Tage auf eine Dienstreise, und ich habe niemanden, bei dem ich meinen Pinguin lassen kann ...«

»Wissen Sie«, entgegnete ihm der Revierpolizist mit fester, ruhiger Stimme. »Leider habe ich keine Möglichkeit, Ihren Pinguin bei mir unterzubringen, ich wohne zusammen mit meiner Mutter in einem kleinen Zimmer ...«

»Sie haben mich falsch verstanden«, sagte Viktor aufgeregt. »Ich wollte Sie nur bitten, ein paarmal zu mir zu kommen und ihn zu füttern ... Ich gebe Ihnen die Schlüssel.«

»Das kann ich machen. Sagen Sie mir Ihren Namen und Ihre Adresse, und ich komme bei Ihnen vorbei. Sind Sie gegen drei Uhr zu Hause?«

»Ja.«

Viktor setzte sich in den Sessel.

Noch vor einem guten Jahr hatte auf dessen breiter Armlehne normalerweise Olja gesessen, eine zierliche Blondine mit sympathischer Stupsnase und ewig vorwurfsvollem Blick. Manchmal hatte sie ihren Kopf auf seine Schulter gelegt, und als wäre sie eingeschlafen, tauchte sie in ihre Träume ein, in denen wahrscheinlich kein Platz für ihn war. Er durfte nur in der Wirklichkeit existieren. Aber auch da fühlte er sich selten von ihr gebraucht. Sie war schweigsam und nachdenklich. Was hatte sich seit der Zeit, als sie ohne jede Erklärung gegangen war, geändert?

Jetzt stand Mischa-Pinguin neben ihm. Er war schweigsam, aber auch nachdenklich? Was ist das eigentlich: Nachdenklichkeit? Vielleicht nur die Beschreibung eines Blicks?

Viktor bückte sich und sah in die Augen des Pinguins. Er

betrachtete sie aufmerksam und suchte nach Anzeichen von Nachdenklichkeit, fand aber nur Trauer.

Der Revierpolizist kam Viertel vor drei. Er zog sich die Schuhe aus und ging ins Zimmer. Sein Äußeres entsprach nicht seinem Nachnamen. Er war ein breitschultriger, hellhaariger und blauäugiger Bursche, fast einen Kopf größer als Viktor und hätte sicher eher in eine Baseballmannschaft gepaßt als zur Polizei. Aber trotzdem war ausgerechnet er der Revierpolizist.

»Nun, wo haben Sie denn das Tier?« fragte er Viktor.

»Mischa!« rief Viktor, und der Pinguin kam aus seinem Winkel hinter dem dunkelgrünen Sofa hervor. Während er auf Viktor zuwatschelte, betrachtete er den Polizisten mit großem Interesse. »Nun, Mischa«, sagte Viktor und wandte sich dann an den Revierpolizisten. »Entschuldigen Sie, wie war noch mal Ihr Vorname?«

»Sergej.«

Viktors Blick blieb auf dem Revierpolizisten haften.

»Merkwürdig, Ihrem Namen nach dachte ich … aber Sie sehen überhaupt nicht wie ein Jude aus …«

»Ich bin auch kein Jude«, sagte Fischbein lächelnd. »Mein richtiger Name ist Stepanenko …«

Viktor zuckte mit den Schultern und sah wieder den Pinguin an.

»Mischa«, sagte er zu ihm, »dieser Mensch heißt Sergej, und er wird dir Futter geben, solange ich auf Dienstreise bin.«

Dann zeigte Viktor Sergej, wo alles zu finden war, und gab ihm die Zweitschlüssel für die Wohnung.

»Machen Sie sich keine Sorgen«, sagte der Revierpolizist beim Rausgehen. »Es geht alles in Ordnung.«

In Charkow war es eisig kalt. Als Viktor aus dem Zug stieg, war ihm gleich klar, daß er sich die Stadt besser nicht ansehen sollte, er war viel zu leicht angezogen.

Nachdem er im Hotel ›Charkow‹ untergekommen war, rief er den Korrespondenten der ›Hauptstadtnachrichten‹ an, nannte seinen Namen, und sie verabredeten sich im Souterrain-Café der Oper.

Der Abend und damit der Termin der Verabredung rückte näher. Viktor ging die Sumskaja Straße entlang zur Oper, obwohl er spürte, wie die Kälte über sein Gesicht kroch und wie seine Hände in den Taschen der kurzen Pelzjacke taub wurden.

Die Stadt hing grau über den Bürgersteigen, die Passanten hetzten herum, als fürchteten sie, die Häuser würden einstürzen oder die Balkone abbrechen, was schon seit langem keine Seltenheit mehr war.

Noch fünf Minuten, dann mußte er sich in das unterirdische Labyrinth unter der Oper voller Bars, Geschäfte und Cafés begeben, dort ein doppelstöckiges Café mit einer Bühne suchen und sich auf dem oberen Rang an der Seite, mit dem Gesicht zur Bühne, setzen. Und er sollte sich ein Glas Orangensaft und eine Dose Bier bestellen, aber die Bierdose nicht öffnen.

Viktor beeilte sich, obwohl eine halbe Stunde Spielraum ausgemacht war – die Begegnung sollte zwischen halb sieben und sieben stattfinden. Die Kälte trieb ihn vorwärts.

›Ich werde da was Warmes essen‹, dachte Viktor unterwegs. ›Ein Stück Fleisch …‹

Als er zur Oper kam, sah er den Eingang zu einem bewohnbar gemachten Keller. Aus der einen Dunkelheit, die nur von den Fenstern der abendlichen Stadt erleuchtet war, tauchte er in eine andere, die von den grell erleuchteten unterirdischen Schaufenstern unterbrochen war.

Auf den ersten Treppenstufen standen zwei alte Frauen, die die Hand aufhielten, und ein ziemlich junger Säufer mit aufgequollenem Gesicht.

Lichtkorridore führten Viktor zum Eingang des Cafés.

Hinter der Glastür saß ein Milizionär und las ein Buch. Er ließ sich von dem eintretenden Viktor ablenken.

»Wohin?« fragte er zwar nicht streng, aber militärisch fordernd.

»Was essen ...« antwortete Viktor.

Der Beamte nickte und zeigte geradeaus.

Viktor ging an einer Bar vorbei, an deren Theke einige, dem Aussehen nach kriminelle Gäste Bier tranken. Der glatzköpfige Barkeeper lächelte Viktor schief an, als ob er ihn mit seinem Blick beiseite schieben wollte, schweig, geh weg und dreh dich nicht um!

Vor ihm lag ein grell erleuchteter Raum, der geradezu einladend wirkte, und Viktor machte einen Schritt vorwärts.

Er blieb vor einer kleinen Bühne stehen, an deren Seiten im Halbkreis zwei Tischreihen standen. Die oberen einen halben Meter über den unteren.

Er ging zur Bar, bestellte ein Glas Orangensaft und eine Dose Bier.

»Ist das alles?« fragte die Bardame, eine stark geschminkte dicke Blondine.

»Haben Sie ein Fleischgericht?« fragte Viktor als Antwort.

»Geräucherter Störrücken, Rührei ...« antwortete sie monoton.

»Dann ist das alles«, seufzte Viktor. »Erst mal alles.«

Er bezahlte und setzte sich an seinen Tisch auf der oberen Estrade, mit dem Gesicht zur Bühne. Er nippte am Saft und verspürte nur noch größeren Hunger.

›Na schön‹, dachte er. ›Essen wir eben im Hotel, da gibt es ja ein Restaurant.‹

Er sah auf die Uhr: zwanzig Minuten vor sieben.

Im Café war es ruhig. An den Nebentisch setzten sich zwei Aserbaidschaner und tranken schweigend Bier.

Viktor drehte sich um, musterte das ganze Café, als ihn

plötzlich ein Blitzlicht blendete. Er blinzelte, rieb sich die Augen, öffnete sie und sah einen jungen Mann mit einem Fotoapparat in der Hand das Café verlassen.

Viktor sah sich noch einmal um und versuchte zu begreifen, wen der junge Mann hatte fotografieren wollen. Aber außer ihm und den beiden Aserbaidschanern war in diesem Teil des Cafés niemand.

›Sicher wollte er die Aserbaidschaner ...‹, dachte er und trank wieder einen Schluck von dem verdünnten Orangensaft.

Die Zeit verging. In dem hohen Glas war nur noch ein kleiner Rest übrig. Viktor betrachtete die ungeöffnete Bierdose und beschloß, das Bier zu trinken und eine neue Dose zu kaufen.

Auf seinen Tisch steuerte ein Mädchen in Jeans und Lederjacke zu. Auf dem Kopf, der eine makellose Schädelform verriet, trug sie ein fest gebundenes Rockertuch mit einem Knoten im Nacken. Darunter quoll ein kastanienbrauner Pferdeschwanz hervor.

Sie setzte sich neben ihn und sah ihn mit ihren geschminkten Augen an.

»Du wartest wohl nicht auf mich?« fragte sie ihn lächelnd.

Viktor fuhr zusammen, richtete sich auf, die Situation war ihm peinlich.

›Nein‹, dachte er fieberhaft. ›Der Korrespondent ist ein Mann ... Obwohl, er könnte sie ja an seiner Stelle geschickt haben ...‹

Viktor musterte das Mädchen flüchtig, er suchte nach einer Tasche oder einer Aktenmappe, in der sie die für ihn wichtigen Papiere mitgebracht haben könnte, aber sie hatte nur eine winzig kleine Handtasche bei sich, in die noch nicht einmal eine Bierdose gepaßt hätte.

»Na was ist, Schätzchen? Oder hast du keine Zeit?«

machte sie sich wieder bemerkbar, und Viktor war sofort klar, daß er auf sie wirklich nicht wartete.

»Danke«, sagte er, »Sie haben sich geirrt.«

»Im allgemeinen irre ich mich selten«, plapperte sie mit süßer Stimme, während sie aufstand. »Aber alles ist möglich ...«

Als Viktor wieder allein am Tisch saß, seufzte er erleichtert auf und betrachtete die ungeöffnete Bierdose. Dann sah er auf die Uhr. Vier Minuten vor sieben. Jetzt könnte er aber wirklich kommen.

Aber der Korrespondent erschien nicht. Um halb acht leerte Viktor die Bierdose und ging. Er aß im Hotelrestaurant. Von seinem Zimmer aus rief er wieder seinen Korrespondenten an, aber das Telefon klingelte und klingelte, schließlich legte Viktor auf.

Die Augen fielen ihm zu. Die Wärme des Hotelzimmers ließ ihn faul und schläfrig werden.

So beschloß er, den Korrespondenten am nächsten Morgen anzurufen, legte sich auf sein Bett und schlief sofort ein.

In Kiew nieselte es mal wieder. Der Revierpolizist Sergej Fischbein-Stepanenko ging in Viktors Wohnung, zog sich die Schuhe aus, lief auf grünen Wollsocken in die Küche, zog ein großes Stück Lachs aus dem Eisfach, zerbrach es auf den Knien in zwei Hälften und legte eine Hälfte in Mischas Schüssel, die auf einem niedrigen Kinderhocker stand.

»Mischa!« rief er und horchte.

Ohne eine Antwort abzuwarten, ging er ins erste Zimmer, dann ins Schlafzimmer, wo er Mischa entdeckte, der schläfrig – oder auch traurig – hinter dem Sofa an der Wand stand.

»Komm, komm was essen!« rief der Revierpolizist ihn freundlich.

Mischa sah dem Polizisten in die Augen.

»Na komm schon!« bat der Revierpolizist. »Dein Herrchen kommt bald zurück! Du hast Sehnsucht, ja? Komm!«

Der Pinguin watschelte ohne jede Eile in die Küche, und Sergej folgte ihm mit vorsichtigen Schritten. Er begleitete ihn bis in die Küche zu der Schüssel, verfolgte noch den Anfang der Mahlzeit und zog sich dann mit bestem Gewissen im Flur seine Schuhe an und lief hinaus in den Kiewer Nieselregen.

›Wär das schön, wenn es heute keinen Einsatz gäbe!‹ dachte er, während er den tief hängenden düsteren Himmel betrachtete.

Am Morgen weckte Viktor das Echo einer wilden Schießerei auf der Straße. Gähnend stand er auf und sah auf die Uhr: Es war acht Uhr früh. Er ging zum Fenster. Unten standen ein Polizeijeep und ein Krankenwagen.

Als er den Blick hob, bemerkte er einen tiefblauen Himmel und eine blaßgelbe Sonne, deren erste Strahlen hinter den grauen stalinistischen Gebäuden auftauchten. Das Wetter versprach schön zu werden.

Viktor setzte sich an den Tisch, auf dem das Telefon stand, und wählte die Nummer seines Korrespondenten.

»Hallo!« ertönte eine Frauenstimme. »Wen möchten Sie sprechen?«

»Kann ich Nikolaj Aleksandrowitsch sprechen?« fragte Viktor.

»Wie ist bitte Ihr Name?« fragte die Frauenstimme.

»Ich bin von der Zeitung ... von den ›Hauptstadtnachrichten‹«, antwortete Viktor, der eine seltsame Anspannung in der Stimme der Frau spürte.

»Wie ist Ihr Name?« fragte die Stimme.

Irgendwas stimmte da nicht, und als Viktor bemerkte, daß seine Hand zu zittern begann, legte er auf.

»Kaffee!« soufflierte er sich. »Du mußt einen Kaffee trinken.«

Nachdem er sich angezogen und zwei Handvoll Wasser ins Gesicht gespritzt hatte, ging er runter in die Restaurantbar und bestellte an der Theke einen doppelten Mokka.

»Setzen Sie sich irgendwo hin, ich bringe Ihnen den Kaffee«, sagte der Barkeeper.

Viktor suchte sich einen Platz in der Ecke der Bar, setzte sich auf einen breiten, weichen Samtpuff vor einem Tisch mit einer Glasplatte. Er zog einen schweren Glasaschenbecher näher zu sich heran und drehte ihn nachdenklich hin und her.

In der Bar war es ruhig.

Der Barkeeper stellte eine Tasse Kaffee auf den Tisch.

»Sonst noch was?« fragte er.

»Nein, danke.« Viktor nickte vor sich hin, dann hob er den Blick und sah den Barkeeper scharf an. »Sagen Sie, was war das für eine Schießerei heute morgen?«

Der Barkeeper zuckte mit den Schultern.

»Sie haben wohl irgend so eine Valutanutte ermordet … hat wahrscheinlich jemanden beleidigt.«

Der Kaffee schmeckte ein wenig bitter, aber Viktor verspürte fast sofort seine wohltuende Wirkung. Seine Hände zitterten nicht mehr, und gewisse Nervenstränge in seinem Schädel verlangsamten ihr schnelles Zucken. Viktor wurde wieder ruhig. Er versuchte, seine Gedanken zu sammeln.

›Es ist nichts Schlimmes passiert‹, hörte er seine eigene innere Stimme, die so überzeugend klang, daß es unmöglich war, ihr nicht zu glauben. So ist einfach das Leben. Das ganz gewöhnliche Leben. Du mußt den Chefredakteur anrufen, fragen, was du tun sollst. Als Viktor ausgetrunken und gezahlt hatte, ging er nach oben in sein Zimmer und rief in Kiew an.

»Sie haben eine Rückfahrkarte für heute«, sagte Igor Lwowitsch ruhig. »Kommen Sie zurück. Sie beschäftigen sich weiter mit Kiew. Mit der Provinz werden wir uns vorläufig noch etwas gedulden …«

Erst in seinem Abteil des Zuges nach Kiew schlug er die auf dem Bahnhof gekaufte ›Charkower Abendzeitung‹ auf. Beim Durchblättern entdeckte er die Kriminalrubrik mit den neuesten Verbrechen. Unter der Spalte ›Morde‹ las Viktor: »Gestern gegen fünf Uhr wurde in seiner Wohnung der Korrespondent der ›Hauptstadtnachrichten‹ Nikolaj Agniwzew von unbekannten Tätern erschossen.«

Viktor wurde mulmig zumute. Er ließ die aufgeschlagene Zeitung auf die Knie sinken. Der Zug ruckte plötzlich an, und die Zeitung fiel auf den Boden.

Als er morgens die Treppe zu seiner Wohnung hochstieg, begegnete Viktor dem Revierpolizisten.

»Ah, guten Morgen!« freute sich Sergej Fischbein-Stepanenko. »Sie sehen etwas blaß aus ...«

»Wie geht es Mischa?« fragte Viktor gehetzt.

»Alles in Ordnung!« lächelte der Revierpolizist. »Natürlich hat er sich ohne sein Herrchen gelangweilt. Und im Gefrierfach ist kaum noch Fisch.«

»Vielen Dank!« Viktor versuchte, dankbar zu lächeln, aber sein Lächeln fiel schwächlich und säuerlich aus. »Ich bin Ihnen zu Dank verpflichtet! Vielleicht trinken wir mal einen Wodka?«

»Danke. Da sage ich nicht nein«, nickte der Polizist. »Rufen Sie an, meine Nummer haben Sie ja! Und wenn ich noch mal auf Ihren Zögling aufpassen soll – genieren Sie sich nicht! Ich mag Tiere. Natürlich nur echte, nicht die, mit denen ich es im Dienst zu tun habe ...«

Mischa freute sich, daß sein Herrchen wieder da war. Er stand schon auf dem Flur, als Viktor hereinkam und das Licht anmachte.

»Hallo, mein Lieber, du!« Viktor hockte sich hin und sah dem Pinguin in die Augen.

Ihm schien es, als ob Mischa lächelte.

In den Augen des Pinguins blitzten tatsächlich Freuden-funken auf, und er machte einen plumpen Schritt vorwärts, seinem Herrchen entgegen.

›Wenigstens einer, der in dieser Welt auf mich wartet!‹ dachte Viktor.

Er erhob sich, zog seinen Mantel aus und ging ins Zimmer. Der Pinguin watschelte hinter ihm her.

Am Morgen hatte Viktor Kopfschmerzen. Er lag im Bett und hatte überhaupt keine Lust aufzustehen.

Der Wecker zeigte halb zehn.

Während er sich mit offenen Augen von einer Seite auf die andere wälzte, entdeckte er den Pinguin am Kopfende seines Betts.

»Ach, du lieber Gott!« seufzte Viktor und schwang seine Beine aus dem Bett. »Ich habe ihn ja seit gestern nicht gefüttert.«

Und ohne weiter auf das schmerzhafte Dröhnen im Kopf und auf die pochenden Schläfen zu achten, begann er sich zu waschen und anzuziehen.

Die kalte Luft draußen machte ihn munterer. Anscheinend war ihm der Winter von Charkow aus hierher gefolgt.

›Ich muß den Chef anrufen …‹, dachte Viktor auf dem Weg. ›Ich muß ihm sagen, daß ich krank bin … Und Zeitungen muß ich holen, vielleicht kann ich ja trotzdem ein bißchen arbeiten …‹

In der Fischabteilung kaufte er ein Kilo gefrorene Scholle. Dann, nach kurzem Zögern, noch ein Kilo lebende Fische.

Zu Hause ließ er kaltes Wasser in die Badewanne, warf drei lebende silbrige Karpfen hinein und rief Mischa.

Als der die in der Wanne schwimmenden Fische sah, drehte er sich um und schlurfte zurück ins Zimmer.

Viktor zuckte mit den Schultern, er verstand seinen Zögling nicht.

Es klingelte an der Tür.

Durch den Spion sah Viktor Mischa-Nicht-Pinguin und öffnete die Tür.

»Guten Tag!« sagte Mischa beim Hereinkommen. »Ich habe ein paar Aufträge für dich. Wie geht es?«

Viktor nickte nur.

Sie gingen in die Küche. Sofort kam auch der Pinguin hinterher gewatschelt.

»Ah, Namensvetterchen!« lachte der Gast. »Grüß dich!« Dann wandte er sich an Viktor.

»Und wieso guckst du so düster?« fragte er. »Bist du krank oder was?«

»Ja.« Viktor nickte. »Und überhaupt ist alles beschissen ...«

Aus irgendeinem Grund wollte er sich ausweinen, und obwohl ihn seine innere Stimme warnte, konnte er sich nicht beherrschen.

»Ich schreibe und schreibe, und niemand sieht, wie ich akkere ...«, sagte er, nicht wehleidig, eher ärgerlich, keinerlei Mitleid heischend. »Es sind schon mehr als zweihundert Seiten ... Und alles umsonst ...«

»Aber warum denn umsonst?« unterbrach ihn Mischa-Nicht-Pinguin. »Du schreibst einfach für die Schublade, wie viele Schriftsteller in der guten alten Sowjetzeit. Aber mit dem Unterschied, daß man deine Texte früher oder später auf jeden Fall drucken wird ... Das kann ich dir garantieren.«

Viktor nickte, da er den Wahrheitskern in Mischas Worten erkannte, aber sein Anfall von Unzufriedenheit wollte nicht vorbeigehen. Er konnte weder lächeln noch innerlich zur Ruhe kommen.

»Über wen hast du am besten geschrieben, was meinst du?« fragte Mischa-Nicht-Pinguin.

»Über Jakornitzkij«, antwortete Viktor nach kurzem

Nachdenken und erinnerte sich an das lange Interview mit der Flasche finnischen Wodkas.

»Ist das der Schriftsteller und Abgeordnete?« fragte Mischa nach.

»Ja.«

»Na schön«, sagte er. »Ich habe dir hier was Interessantes mitgebracht. Lies mal.«

Viktor nahm einige Seiten und überflog sie. Unbekannte Namen, Fetzen von Biographien, Daten. Aber Viktor hatte keine Lust, sich jetzt damit intensiver zu beschäftigen. Er nickte einfach und legte die Blätter beiseite.

»Ruf mich an, wenn du fertig bist«, bat Mischa-Nicht-Pinguin und überreichte Viktor seine Visitenkarte.

Draußen fiel der erste Schnee. Viktor trank Kaffee und las die ihm von Mischa-Nicht-Pinguin vor einigen Tagen mitgebrachten Seiten. Biographische Dossiers über den stellvertretenden Leiter der Steuerinspektion und den Wirt des Restaurants ›Karpaten‹. Die Biographien dieses Paares waren bunt genug, um daraus hervorragende ›Kreuzchen‹ zu machen. ›Mit solchen Figuren könnte man einen hervorragenden Abenteuerroman schreiben‹, dachte Viktor. ›Das sind tolle Negativhelden!‹ Aber um einen Roman zu schreiben, brauchte man völlig freie Zeit, die Viktor nicht hatte. Dafür hatte er jetzt Geld, den Pinguin Mischa und drei silbrige Karpfen, die in der Warme schwammen. Aber konnte man das etwa als Kompensation für einen nicht geschriebenen Roman ansehen?

Als Viktor die Karpfen wieder einfielen, holte er ein Stück Weißbrot und ging ins Badezimmer, um die lebenden Fische zu füttern.

Während er das Brot zerkrümelte, hörte er hinter sich ein Schnaufen. Er drehte sich um und erblickte Mischa. Der sah traurig auf die in der Wanne schwimmenden Fische.

»Was ist denn, magst du keine Süßwasserfische?« fragte
Viktor den Pinguin und gab sich selber die Antwort. – ›Na-
türlich nicht, du bist schließlich aus der Antarktis, vom
Meer …‹

Als er ins Zimmer zurückkam, rief Viktor den Revierpolizisten an und lud ihn zum Fischessen ein.

Draußen schneite es immer noch.

Viktor stellte seine Schreibmaschine auf den Küchentisch
und machte sich daran, Wort für Wort lebendige Bilder von
zukünftigen Toten zu malen.

Die Arbeit ging langsam, aber sicher voran. Jedes Wort
fand seinen unverrückbaren Platz, wie das Fundament einer
ägyptischen Pyramide.

»Gegen seinen Willen stimmte der selige Verstorbene dem
Mord an seinem jüngeren Bruder zu, in dessen Hände zufällig die Liste von Aktionären einer noch nicht privatisierten
Waschmaschinenfabrik gefallen war. Der Grabstein, den der
Verstorbene zum Gedenken an den Bruder gestiftet hatte,
wurde zum echten Schmuckstück des Friedhofs. Oft begeg-
nen wir dem Tod im Leben, aber selbst der Tod eines nahen
Menschen zwingt einen, weiterzuleben, trotz allem weiterzuleben. Alles ist voneinander abhängig. Das Leben aller ist
ein Ganzes, und deshalb hinterläßt der Tod eines kleinen
Teils des Ganzen immer noch Leben, weil die Menge der lebendigen Anteile am Ganzen immer größer ist als die Menge
der toten Anteile …«

Der Revierpolizist Fischbein-Stepanenko kam zum
Abendessen, er trug Jeans und einen schwarzen Pullover
über einem gestreiften Flanellhemd. Er kam mit einer Flasche Kognak und gefrorenem Dorsch für den Pinguin.

Das Abendessen war noch nicht fertig, sie brieten gemeinsam die Karpfen, die endlich die Badewanne wieder freige-
geben hatten. Währenddessen planschte der Pinguin in dem
frischen kalten Wasser. Viktor und Sergej hörten zwischen

dem Zischen der in der Pfanne bratenden Fische das Plätschern in der Wanne und lächelten vor sich hin.

Schließlich waren die Fische gar.

Sie tranken ein Glas Kognak und stürzten sich auf die
Karpfen.

»Ziemlich grätig«, sagte Viktor, als ob er sich im Namen
der Fische entschuldigen wollte.

»Das macht nichts«, nickte der Revierpolizist. »Man muß
für alles bezahlen ... Je mehr Gräten ein Fisch hat, desto besser schmeckt er. Ich erinnere mich noch, wie ich mal Wal-
fischfleisch probiert habe – das ist ja immerhin auch ein
Fisch! Keine Gräten, aber auch kein Geschmack ...«

Sie tranken Kognak zum Fisch, sahen aus dem Fenster
und betrachteten den von fremden Fenstern schwach be-
leuchteten Schnee in der Dunkelheit. Irgend etwas an diesem
Abendessen erinnerte an Silvester.

»Warum lebst du allein?« fragte Sergej, nachdem sie Brü-
derschaft getrunken hatten.

Viktor zuckte mit den Schultern.

»Das hat sich so ergeben«, antwortete er. »Ich habe kein
Glück mit Frauen. Alle sind wie Phantome. Still, fast bemerkt man sie nicht. Erst sind sie da, wohnen hier, und dann
verschwinden sie plötzlich wieder ... Ich habe es satt. Da
habe ich mir den Pinguin geholt, und schon fühle ich mich
viel besser. Aber aus irgendeinem Grund ist er dauernd traurig ... Vielleicht hätte ich lieber einen Hund nehmen sollen.
Hunde sind gefühlvoller, bellen fröhlich, begrüßen dich
schwanzwedelnd, lecken dich ab ...«

»Ach was!« winkte Sergej ab. »Mit einem Hund mußt
du zweimal am Tag gassigehen, die Wohnung stinkt nach
ihnen ... Da ist ein Pinguin besser. Und was machst du be-
ruflich?«

»Ich schreibe«, antwortete Viktor.

»Für Kinder?«

»Wieso für Kinder?« wunderte sich Viktor. »Nein, ich schreibe für die Zeitung.«

»Aha«, nickte Sergej. »Ich mag keine Zeitungen. Die machen mich immer depressiv.«

»Ich mag sie auch nicht. Apropos, woher stammt eigentlich dein Name? Fischbein ...«

Sergej seufzte tief.

»Weißt du, mein Leben war furchtbar langweilig. Und eine Tante von mir arbeitete in der Paßabteilung. Da habe ich beschlossen, auf dem Papier Jude zu werden, um, weiß der Teufel, irgendwohin auszureisen. Ich habe einfach gesagt, ich hätte meinen Paß verloren – so hat es mir meine Tante beigebracht –, und sie hat mir einen neuen Paß mit dem neuen Namen ausgestellt. Dann habe ich erfahren, wie die Emigranten im Ausland leben. Kein Grund neidisch zu werden. So habe ich beschlossen, hier zu bleiben, und um als Jude nicht unbewaffnet rumzulaufen, bin ich zur Polizei gegangen. Im Prinzip ist die Arbeit ungefährlich, ich beschäftige mich mit den täglichen Streitereien, Krawallen und allen möglichen blöden Beschwerden. Natürlich ist das nicht das, wovon ich mal geträumt habe.«

»Und wovon hast du geträumt?«

Unerwartet ging die Küchentür auf, und auf der Schwelle stand ein völlig nasser Mischa-Pinguin. Das Wasser troff nur so von ihm herab. Er ging am Tisch vorbei zu seinem Futternapf und sah sein Herrchen fragend an. Der Napf war leer.

Viktor faßte tief in das Gefrierfach, brach von dem Klotz gefrorener Schollen drei Fische ab, schnitt sie in Stücke und legte sie in Mischas Napf.

Mischa legte seinen Kopf auf den gefrorenen Fisch und erstarrte in dieser Pose.

»Sieh mal«, sagte Sergej neugierig. »Er taut ihn auf, er taut ihn richtig auf.«

Viktor, der auf seinen Platz zurückgekehrt war, beobachtete den Pinguin ebenfalls.

»Na schön«, Sergej nahm sein Glas in die Hand und wandte sich Viktor zu. »Wir würden alle den besten Fisch verdienen, aber wir essen, was da ist ... Auf die Freundschaft!«

Sie stießen an und tranken einen Schluck. Viktor wurde ganz leicht ums Herz. Seine ganze frühere Unzufriedenheit mit sich selber und anderen war vergessen, und seine ›Kreuzchen‹ vergaß er auch. Als ob er nie gearbeitet, sondern einfach gelebt und sich einen Roman ausgedacht hätte, den er irgendwann schreiben würde. Er sah Sergej an und wollte ihn anlächeln. Freundschaft? Die hatte er vielleicht nie gehabt. Genausowenig wie einen dreiteiligen Anzug oder eine echte Leidenschaft. Sein Leben war blaß und trostlos, bereitete ihm keine Freude. Selbst Mischa-Pinguin war irgendwie traurig, als wenn auch er nur die Farblosigkeit des Lebens, ohne bunte Tupfer und Emotionen, ohne freudiges Dahinplätschern der Seele und ohne Begeisterung kennengelernt hätte.

»Hör mal«, schlug Sergej plötzlich vor. »Laß uns noch ein Glas trinken, und dann gehen wir spazieren. Zu dritt!«

Draußen war es ruhig. Es war spät. Alle Kinder schliefen schon. Die Straßenlaternen brannten nicht, und der erste Schnee wurde nur von zufälligem Licht aus zufällig erleuchteten Fenstern angestrahlt.

Viktor, Sergej und Mischa gingen langsam zu dem großen Platz, auf dem drei Taubenschläge standen. Der Schnee knirschte unter ihren Füßen. Die eiskalte Luft wehte ihnen um die Wangen.

»Sieh mal!« rief Sergej, der einige Schritte schneller nach vorne gegangen war und bei einem neben dem Taubenschlag im Schnee liegenden Menschen in einem blauen zerlumpten Mantel stehenblieb. »Dein Nachbar Polikarpow. Wohnung dreizehn. Wir müssen ihn in den nächsten Hauseingang schleppen und ihn an die Heizung lehnen, sonst erfriert er!«

Gemeinsam faßten sie den Kragen des blauen Mantels und zogen den betrunkenen Polikarpow über den Schnee zum nächsten Haus. Mischa-Pinguin watschelte schwerfällig hinter ihnen her.

Als Viktor und Sergej aus dem Hauseingang kamen, sahen sie Mischa Nase an Nase mit einem Hofköter stehen, als wenn sie sich gegenseitig beschnüffelten. Als der Hund die Menschen aus dem Hauseingang kommen sah, lief er davon.

Am Morgen wurde Viktor vom Klingeln des Telefons geweckt.

»Hallo!« sagte er verschlafen mit heiserer Stimme.

»Viktor Aleksejewitsch! Ich gratuliere Ihnen zum ersten Durchbruch. Ich habe Sie doch nicht geweckt?«

»Es ist sowieso Zeit aufzustehen!« erklärte Viktor, als er die Stimme des Chefs erkannte. »Was ist passiert?«

»Die erste Veröffentlichung! Apropos, wie fühlen Sie sich?«

»Schon besser.«

»Dann kommen Sie in die Redaktion! Wir müssen Ihren Erfolg besprechen.«

Viktor wusch sich, frühstückte, trank Tee und suchte seinen Zögling. Der schlief noch stehend in seiner Lieblingsecke hinter dem dunkelgrünen Sofa.

In der Küche legte Viktor einige gefrorene Dorschstücke in Mischas Schüssel. Er zog sich an und machte sich auf den Weg.

Auf der Straße lag frisch gefallener Schnee. Der graublaue Himmel hing tief, fast bis zu den Dächern der fünfstöckigen Häuser. Es war ruhig und nicht sehr kalt.

Bevor er in den Bus stieg, kaufte sich Viktor die neueste Ausgabe der ›Hauptstadtnachrichten‹. Auf dem weichen Sitz im Autobus schlug er sie auf, überflog die Schlagzeilen und fand endlich im oberen Rechteck einen Text, der mit dicken schwarzen Trauerbalken umrandet war. »Der Schriftsteller und Abgeordnete Alexander Jakornitzkij ist nicht mehr. Verwaist ist der Ledersessel in der dritten Reihe des Parlaments. Diesen Platz wird bald ein anderer einnehmen, aber in den Herzen vieler Menschen, die Alexander Jakornitzkij kannten, bleibt ein Gefühl der Leere, das Gefühl eines großen Verlusts ...«

›Na bitte‹, dachte Viktor, ›die erste Veröffentlichung.‹

Aber ihm war nicht besonders fröhlich zumute, obwohl von irgendwoher ein lang vergessenes Gefühl in ihm aufstieg, das Gefühl der Zufriedenheit mit sich selbst. Er las den Text zu Ende. Alles war an Ort und Stelle, keinerlei Spuren einer redaktionellen Zensur.

Sein Blick blieb an der Unterschrift hängen, an dem phrasenhaften Pseudonym, hinter dem sich eine beliebige Anzahl von Leuten verstecken konnte – »*Der Engste Freundeskreis*«. Viktor hatte im Original die drei Worte groß geschrieben, und selbst das hatte der Redakteur nicht geändert. Sie behandelten ihn tatsächlich so, als wenn er ein angesehener Schriftsteller wäre, und nicht irgendein Journalist.

Die Zeitung sank ihm auf die Knie, Viktor betrachtete durch die Scheiben die dem Bus entgegenkommende Stadt.

»Sieh mal, ein Vogel!« sagte eine vor ihm sitzende Mutter zu ihrem Kind und zeigte nach oben. Viktor sah unwillkürlich in die angegebene Richtung und entdeckte einen unter dem Dach des Busses herumirrenden Spatz.

Der Redakteur begrüßte Viktor so überschwenglich, als hätte er ihn ein Jahr lang nicht gesehen. Kaffee, Kognak und hundert Dollar in einem eleganten länglichen Umschlag – es konnte gefeiert werden.

»Na bitte«, sagte Igor Lwowitsch und nahm ein Glas Kognak in die Hand. »Der Anfang wäre gemacht. Hoffen wir, daß die übrigen ›Kreuzchen‹ auch nicht lange liegenbleiben.«

»Wie ist er denn gestorben?« fragte Viktor.

»Er ist aus dem sechsten Stock gefallen. Angeblich hat er Fenster geputzt, nur aus irgendeinem Grund nicht bei sich zu Hause. Und das auch noch mitten in der Nacht.«

Sie stießen an und tranken.

»Weißt du«, plauderte der Chefredakteur vertraulich weiter, »mich haben schon einige Kollegen von anderen Zeitungen angerufen. Sie sind neidisch, die Schufte! Sie behaupten, ich hätte eine ganz neue Literaturgattung erfunden!« Der Chef lächelte selbstzufrieden. »Das ist natürlich dein Verdienst! Aber du bist bei uns eine Geheimnummer, deshalb werde ich alles Gute und Schlechte auf meine Kappe nehmen, okay?«

Viktor nickte, obwohl er sich insgeheim darüber ärgerte, daß er sich nicht im Scheinwerferlicht des Ruhms, und sei es auch nur dem eines Journalisten, sonnen durfte. Der Chef hatte Viktor wohl etwas angesehen.

»Mach dir nichts draus, irgendwann werden alle den wahren Namen des Autors erfahren, wenn du das willst ... Aber im Augenblick ist es besser für dich, einer aus dem Freundeskreis zu sein, den niemand kennt. In wenigen Tagen wirst du verstehen, warum. Vergiß übrigens nicht, alle von mir unterstrichenen Fakten aus den Dossiers zu berücksichtigen, die du von Fjodor bekommst. Keine Angst, ich werde deine philosophischen Erörterungen nicht beschneiden, obwohl sie wirklich in keinem Verhältnis zu den Verstorbenen stehen ...«

Viktor nickte. Er nippte am Kaffee, und der bittere Geschmack erinnerte ihn plötzlich an die Hotelbar in Charkow. An den Morgen, an dem ihn die wilde Schießerei vor dem Aufstehen geweckt hatte.

»Igor«, begann Viktor, »was ist damals eigentlich in Charkow passiert?«

Der Chefredakteur schenkte Kognak nach, seufzte und sah Viktor mit einem warnenden, jedes weitere Wort verbietenden Blick an.

»›Ein junger Soldat, sein Blick plötzlich brach‹, sang er leise, ›und ein Komsomolzenherz war zerschossen ...‹ Die Zeitung hat Verluste gehabt. Das ist schon der siebte von uns. Wir können bald einen Heldenfriedhof anlegen ... Aber das geht dich nichts an! Je weniger du weißt, desto länger lebst du«, sagte der Chefredakteur. Dann sah er Viktor in die Augen und fügte in ganz anderem, müdem Ton hinzu: »Und auch das bezieht sich nicht auf dich. Du weißt schon mehr als andere ... Na gut ...«

Viktor bereute seine Neugier. Die ganze Atmosphäre des kleinen festlichen Tête-à-tête war plötzlich verschwunden.

Ende November verwandelte sich der kalte Herbst in einen ebenso strengen Winter. Die Kinder bewarfen sich mit Schneebällen. Stechend kalte Luft kroch unter die Kragen. Auf den Straßen schlichen die Autos so langsam dahin, als hätten sie Angst voreinander, und die Straßen schienen sich durch die Kälte zu verengen, alles wurde schmäler, kürzer, schrumpfte sozusagen. Nur die Schneehaufen an den Straßenrändern wuchsen und wuchsen dank des unermüdlichen Fleißes und der breiten Schaufeln der Hauswarte.

Nachdem Viktor einen Punkt unter den zweiten Text des von Mischa-Nicht-Pinguin bestellten ›Kreuzchens‹ gesetzt hatte, schaute er aus dem Fenster. Er hatte weder Lust noch einen triftigen Grund, an diesem Tag aus dem Haus zu gehen. Um die Stille in der Wohnung zu durchbrechen, schaltete Viktor das Radio auf dem Kühlschrank ein. Aus dem Gerät dröhnte das sorglose Lärmen des Parlaments. Viktor stellte den Ton leiser. Dann setzte er Teewasser auf, sah auf die Uhr – es war noch früh am Abend, halb sechs. ›Noch zu früh, um den Tag zu beenden‹, dachte Viktor.

Er ging ins Zimmer und rief Mischa-Nicht-Pinguin an.

»Ich bin fertig«, meldete er. »Du kannst herkommen.«

Mischa kam nicht allein. Ein kleines Mädchen mit runden neugierigen Augen folgte ihm in die Wohnung.

»Meine Tochter«, sagte Mischa. »Ich konnte sie nicht alleine lassen … Sag Onkel Witja, wie du heißt!« Er beugte sich zu ihr hinunter und begann die Knöpfe des kleinen fuchsroten Pelzes aufzuknöpfen.

»Sonja, ich bin vier Jahre alt«, sagte das Mädchen und sah zu Viktor hoch. »Wohnt hier wirklich ein Pinguin?«

»Na bitte, sie ist noch nicht mal richtig in der Wohnung und schon …« Mischa zog ihr den Pelz aus, half ihr die Stiefel auszuziehen. »Komm jetzt!«

Sie gingen ins Wohnzimmer.

»Und wo ist der Pinguin?« fragte sie wieder und sah sich nach allen Seiten um.

»Warte«, sagte Viktor. »Ich hole ihn gleich.«

Zuerst holte er aus der Küche die beiden frisch geschriebenen Nekrologe, gab sie Mischa-Nicht-Pinguin und ging dann ins Schlafzimmer.

»Mischa!« rief er und guckte hinter das dunkelgrüne Sofa. Mischa-Pinguin stand auf der dreifach gefalteten alten Samtdecke und starrte regungslos die Wand an.

»Was hast du denn?« fragte Viktor und beugte sich zu dem Pinguin hinab.

Der stand mit offenen Augen da.

›Ob er krank ist?‹ dachte Viktor.

»Was hat er?« fragte Sonja, die lautlos zum Sofa gekommen war.

»Mischa, wir haben Gäste!«

Sonja ging zum Pinguin und streichelte ihn.

»Bist du krank?« fragte sie ihn.

Der Pinguin zuckte zusammen, drehte sich um und sah das Mädchen an.

»Papa!« rief Sonja. »Er hat sich bewegt!«

Viktor ließ Sonja bei dem Pinguin und kehrte ins Wohnzimmer zurück. Mischa saß im Sessel und las den zweiten Nekrolog zu Ende. Seinem Gesichtsausdruck nach gefielen dem Auftraggeber die Texte.

»In Ordnung!« sagte Mischa-Nicht-Pinguin. »Rührend, wie du schreibst. Man spürt, die Leute sind der letzte Dreck, aber sie tun dir trotzdem leid, wenn du das liest ... Was ist, trinken wir einen Tee?«

Sie gingen in die Küche, wo sie sich an den Tisch setzten und sich, bis das Teewasser kochte, über das Wetter und andere unwichtige Dinge unterhielten. Als der Tee fertig war, schob Mischa-Nicht-Pinguin Viktor einen Umschlag über den Tisch.

»Dein Honorar«, sagte er. »Bald kriegst du noch einen Auftrag. Erinnerst du dich an deinen Nachruf auf Sergej Tscherkalin?«

Viktor nickte.

»Er ist erst mal wieder gesund geworden ... Ich habe ihm dein Werk gefaxt ... Es hat ihm sogar gefallen. Auf jeden Fall war er stark beeindruckt!«

»Papa, Papa«, war aus dem anderen Zimmer die Stimme des Mädchens zu hören. »Er will was essen!«

»Kann dein Pinguin sprechen?« lachte Mischa-Nicht-Pinguin und sah Viktor fragend an.

Viktor nahm ein Stückchen Dorsch aus dem Gefrierschrank und warf es in die Schüssel.

»Sonja, sag ihm, das Essen ist angerichtet!« rief Viktor scherzend.

»Hörst du?« ließ sich die leise Stimme des Mädchens vernehmen. »Sie rufen dich zum Essen.«

Als erster kam der Pinguin in die Küche, nach ihm folgte

Sonja. Sie führte ihn zu seiner Schüssel und beobachtete interessiert, wie Mischa-Pinguin fraß.

»Ist er ganz allein?« fragte Sonja plötzlich und hob den Kopf.

»Er ist doch nicht allein«, antwortete Viktor. »Wir leben hier zu zweit ...«

»Ich lebe mit Papa auch zu zweit ...«, sagte Sonja.

»Plappermäulchen!« seufzte Mischa-Nicht-Pinguin. Er trank einen Schluck Tee, sah dann wieder seine Tochter an. »Mach dich fertig, wir müssen nach Hause.«

Sonja ließ den Kopf hängen und verließ die Küche.

»Ich muß ihr einen kleinen Hund oder eine Katze kaufen ...« sagte Mischa-Nicht-Pinguin und blickte ihr nach.

»Bring sie wieder mit, dann kann sie mit dem Pinguin spielen«, schlug Viktor vor.

Der Winterabend draußen war wie von dunkler Tusche übergossen. Die kaum hörbare Stimme aus dem Radio brachte Meldungen über die Ereignisse in Tschetschenien. Viktor setzte sich in der Küche an den Tisch vor die Schreibmaschine. Er fühlte sich einsam, hätte gern eine Erzählung oder ein Märchen geschrieben, wenigstens für Sonja. Aber in seinem Kopf vibrierte die penetrante, traurige Melodie des noch nicht geschriebenen ›Kreuzchens‹.

Dabei dachte er an Sonjas komisches sommersprossiges Gesicht und ihren mit einem Gummi zusammengehaltenen fuchsroten Pferdeschwanz.

›Eine seltsame Zeit für Kinder‹, dachte Viktor. ›Ein seltsames Land, ein seltsames Leben, das man gar nicht wirklich kennen möchte, man möchte bloß überleben, c'est tout ...‹

Nach einigen Tagen rief der Chefredakteur an und bat Viktor, vorsichtiger zu sein, erst mal nicht in die Redaktion zu kommen und die Wohnung nur zu verlassen, wenn es unbedingt notwendig wäre.

Bestürzt preßte Viktor den Hörer ans Ohr, obwohl seit einer Minute schon das Besetztzeichen zu hören war. ›Was ist denn passiert?‹ dachte er, aber gleichzeitig hallte die völlig ruhige und sichere, fast schulmeisterliche Stimme des Chefs in ihm nach. Viktor zuckte mit den Schultern. Obwohl er den Anruf nicht ernst nahm, zog sich der Vormittag zwei Stunden lang völlig nutzlos dahin. Er rasierte sich ausgiebig, und aus einem unerfindlichen Grund beschloß er, ein Hemd zu bügeln, obwohl er nicht die Absicht hatte, es anzuziehen.

Gegen Mittag verließ er die Wohnung. Er kaufte Zeitungen, ging in einen Feinkostladen, kaufte Fisch für Mischa und für sich selber Wurst und ein Kilo Bananen.

Zu Hause sah er die Zeitungen durch, fand aber keine Erklärung für den Anruf des Chefs. Dafür fielen ihm einige neue Namen auf, die er schnell in sein Arbeitsheft eintrug. Aber er hatte keine Lust zu arbeiten. Er fühlte sich nicht in bester Verfassung, saß schlaff am Küchentisch, auf dem der Beutel mit den Einkäufen lag, und fischte sich eine Banane heraus.

Die Tür quietschte und ging auf. Mischa-Pinguin kam herein, blieb vor seinem Herrchen stehen und sah ihn bittend an.

»Da!« Viktor hielt ihm die angebissene Banane unter den Schnabel.

Der Pinguin beugte sich mit dem ganzen Körper nach vorn und brach mit dem Schnabel ein Stückchen Banane ab.

»Was ist denn mit dir los?« wunderte sich Viktor. »Bist du ein Affe? Paß auf, du wirst dich noch vergiften. Wo soll ich dann einen Arzt für dich finden? Es gibt ja schon für Menschen keine. Komm, ich gebe dir lieber Fisch.«

In der Stille der Küche waren nur das Schmatzen des Pinguins zu hören, der seinen Dorsch verputzte, und Viktors lautes Seufzen, der tief in Gedanken versunken war. Schließlich stand er ächzend auf und machte das Radio an. Als da eine laute Polizeisirene schrillte, dachte er: ›Ein Hörspiel?‹ aber er irrte sich. Es war eine Reportage von einem ›Schlachtfeld‹. Das lag diesmal fast im Zentrum der Stadt, auf der Kreuzung der Straße der Roten Armee und der Saksaganskaja Straße. Viktor drehte den Ton lauter. Eine aufgeregte Stimme berichtete von Blutlachen auf dem Asphalt, von drei Unfallwagen, die erst eine halbe Stunde nach dem Anruf kamen, von sieben Toten und fünf Verletzten. Nach ersten Angaben war der stellvertretende Sportminister, der Abgeordnete Stojanow unter den Toten. Als Viktor den Namen hörte, öffnete er automatisch sein Arbeitsheft und überprüfte die Texte. Der Verstorbene war in seiner Kartei. Viktor klopfte sich selbst auf die Schulter, ließ das Heft offen liegen und wandte sich wieder dem Radio zu. Aber der Reporter zählte nur weiter die schon bekannten Fakten auf. Offensichtlich wußte er noch nicht mehr, versprach jedoch, sich in einer halben Stunde mit neuen Nachrichten zu melden. Eine angenehme Frauenstimme löste ihn mit der Wettervorhersage für das Wochenende ab.

›Morgen ist Sonnabend‹, dachte Viktor und wandte sich dem Pinguin zu.

Seit er zu Hause arbeitete, hatte er das Gefühl für Werk- und Feiertage verloren. Wenn er Lust hatte, arbeitete er, hatte er keine – arbeitete er nicht. Aber meistens hatte er trotz allem Lust, einfach weil nichts anderes zu tun war. Kurzgeschichten zu schreiben oder eine Erzählung oder gar einen Roman anzufangen, wollte ihm nicht gelingen. Er hatte seine Gattung gefunden und war so von deren Bedingungen gefangengenommen, daß er sogar an die ›Kreuzchen‹ denken mußte, wenn er gar keins schrieb. Oder er formulierte seine Gedanken in so feierlichem, getragenen Ton, daß er sie jederzeit als philosophische Abschweifung in einen beliebigen Nekrolog einbauen konnte. Manchmal tat er das auch.

Viktor rief den Revierpolizisten an.

»Leutnant Fischbein!« hörte er die bekannte klare Stimme im Hörer.

»Sergej? Grüß dich, hier ist Witja.«

»Witja?« fragte der Revierpolizist nach. Offensichtlich erkannte er ihn nicht.

»Na, Viktor, der Pinguinbesitzer.«

»Ah, warum hast du das nicht gleich gesagt?« Sergej freute sich. »Was gibt es Neues? Wie geht es Mischa?«

»Prima! Hör mal, hast du morgen frei?«

»Ja«, antwortete Sergej.

»Ich habe eine gute Idee, machst du mit?« fragte Viktor voller Hoffnung. »Wir brauchen nur ein Auto, ein altes Polizeiauto würde reichen ...«

»Natürlich, falls du keine kriminelle Handlung vor hast ... Aber wozu brauchst du ein Polizeiauto, ich habe doch einen ›Saporosh‹«, sagte Sergej und lachte.

An diesem kalten Samstag morgen stiegen Viktor, Sergej und Mischa-Pinguin aus dem am Ufer des Dnjepr neben den Klostergärten geparkten roten ›Saporosh‹. Sergej zog einen prallgefüllten Rucksack aus dem Kofferraum und schnallte ihn sich auf den Rücken. Sie stiegen die Steintreppe zum zugefrorenen Fluß hinunter.

Der Dnjepr war mit einer dicken Eisschicht bedeckt. Auf dem Eis saßen im Höflichkeitsabstand voneinander die Eisangler wie unbewegliche, dicke Raben, jeder vor seinem eigenen kleinen Loch.

Viktor, Sergej und Mischa wählten vom Ufer aus einen Weg, auf dem sie die Fischer nicht störten, und wanderten weit auf das Eis des Dnjepr hinaus.

Sie blieben bei jedem nicht besetzten Eisloch stehen, aber entweder war es schon wieder überfroren oder zu klein.

»Gehen wir zur Bucht!« schlug Sergej vor. »Dahin gehen immer die Eisschwimmer ...«

Sie überquerten den Dnjepr, dann den engen Landstrich, den sogenannten Schwanz der Insel.

»Da, sieh mal!« Sergej streckte die Hand nach vorn. »Siehst du den blauen Fleck?«

Sie kamen näher und hatten das riesige Eisloch, an dessen Rändern zahlreiche Spuren von nackten Füßen waren, noch nicht einmal richtig in Augenschein nehmen können, als Mischa nach vorne stürzte und leichthin, ohne jeden Spritzer, ins Wasser tauchte.

Viktor und Sergej stockte der Atem, als sie auf das wallende dunkle Gemisch aus Wasser und Eis starrten.

»Sag mal, können Pinguine unter Wasser sehen?« fragte Sergej.

»Bestimmt ...«, antwortete Viktor. »Falls man da überhaupt was sehen kann.«

Sergej schnallte den Rucksack ab, zog eine alte wattierte Decke heraus und breitete sie zwei Meter neben dem Eisloch aus.

»Setz dich!« rief er Viktor zu. »Jedem sein Vergnügen.«

Viktor setzte sich, und Sergej holte eine Thermosflasche und zwei Plastiktassen aus dem Rucksack.

»Fangen wir mit Kaffee an!« sagte er.

Der Kaffee war ziemlich süß, aber in der Kälte tat er gut.

»Ich habe leider vergessen, auch was mitzunehmen ...«, gestand Viktor mit Bedauern, während er seine Hände an der Kaffeetasse wärmte.

»Macht nichts, dann eben das nächste Mal. Willst du einen Kognak?«

Nachdem er Kognak in den Kaffee gegossen hatte, steckte Sergej den Flachmann wieder in seine Anoraktasche.

»Also dann«, er hob die Tasse hoch. »Auf alles Schöne und Gute im Leben!«

Sie tranken, und die Wärme durchdrang ihre Körper und Gedanken.

»Was meinst du, er wird doch nicht ertrinken?« fragte Sergej und zeigte auf das breite Eisloch.

»Sollte er nicht ...« Viktor zuckte mit den Schultern. »Ich weiß überhaupt nichts von Pinguinen ... Ich habe Bücher gesucht, aber nichts gefunden ...«

»Wenn ich was auftreibe, gebe ich es dir!« sagte Sergej.

Viktor begann, nervös zu werden. Er sah sich nach dem nächsten Angler um, der etwa dreißig Meter entfernt von ihnen hockte. Der Angler saß auf einer Kiste und nahm von Zeit zu Zeit eine große Feldflasche zur Brust.

»Ich gehe mal ein bißchen rum«, sagte Viktor und sah unverwandt zu dem Angler rüber.

»Aber nein, bleib doch hier«, bat Sergej. »Komm, wir trinken noch einen Kognak! Mischa wird schon wieder ans Ufer schwimmen, wo soll er denn hier sonst hin. Er wird ganz sicher nicht ertrinken!«

In dem Eisloch gluckste was, und Viktor sah sofort zu dieser Stelle. Das Gemisch aus Wasser und Eis schwappte auf und nieder.

»Trinken wir auf Mischa!« Sergej hob seine Kognaktasse. »Menschen gibt es viele, Pinguine wenige. Man muß sie schützen!«

Sie nippten am Kognak, und plötzlich gellte in der stillen kalten Luft ein durchdringender Schrei. Viktor und Sergej drehten sich um und sahen, wie etwa fünfzig Meter weiter weg ein Angler von seinem Loch wegsprang und mit beiden Händen auf das Wasser zeigte. Zwei andere Angler liefen zu ihm hin. Ihre kurzen Angeln ließen sie in den Löchern.

»Was hat er bloß?« fragte Sergej.

Viktor drehte sich wieder um, trank genüßlich seinen Kognak und dachte: ›Jeder neue Tag bringt etwas Neues, ganz und gar nicht Vorhersehbares. Und irgendwann bringt ein neuer Tag unvorhergesehene Schwierigkeiten – und vielleicht den Tod.‹

»Sieh nur, sieh nur!« klopfte ihm Sergej plötzlich auf die Schulter.

Viktor schreckte aus seinen Gedanken auf, sah Sergej an, dann drehte er sich um und sah Mischa-Pinguin, der langsam von der Seite der Insel auf sie zu watschelte.

»Wo ist er nur rausgekommen?« wunderte sich Sergej.

Der Pinguin blieb am Rand der Decke stehen.

»Vielleicht braucht er auch einen Kognak?« sagte Sergej scherzhaft.

»Nun komm schon, komm her, Mischa!« rief Viktor und klopfte mit der Hand auf die Decke. Mischa watschelte tolpatschig auf die Decke, sah Sergej an, dann sein Herrchen.

Sergej griff wieder in den Rucksack, zog ein Handtuch heraus und wickelte den Pinguin ein.

»Damit er sich nicht erkältet«, erklärte er Viktor.

Der Pinguin stand so eingewickelt fünf Minuten lang still da, dann schüttelte er das Handtuch ab.

Viktor hörte Schritte hinter sich und drehte sich um.

Vor ihm stand der Angler, der ›Besitzer‹ des nächstgelegenen Eislochs.

»Was ist? Er beißt doch nicht«, sagte Sergej.

Der Angler schüttelte den Kopf, ohne den Blick vom Pinguin zu wenden.

»Hören Sie«, sagte er schließlich. »Haben Sie hier einen Pinguin oder sehe ich schon weiße Mäuse?«

»Sie sehen weiße Mäuse«, versicherte ihm Sergej mit absolut aufrichtiger Stimme.

»O Gott!« stieß der Fischer erschrocken aus.

Er wedelte hilflos mit den Händen, machte auf dem Absatz kehrt und lief wieder zu seinem Eisloch.

Viktor und Sergej sahen ihm nach.

»Vielleicht trinkt er jetzt weniger«, meinte Sergej.

»Hör mal, du bist hier nicht im Dienst!« sagte Viktor vorwurfsvoll. »Warum erschreckst du den Säufer?«

»Berufskrankheit«, rechtfertigte sich Sergej lächelnd. »Willst du was essen? Oder noch ein Gläschen Kognak?«

»Noch einen Kognak!« nickte Viktor.

Der Pinguin trippelte ungeduldig von einem Bein aufs andere und klopfte sich mit seinen kurzen Schwimmflügeln auf die Seiten.

»Was will er, muß er mal?« lachte Sergej, während er die Kognakflasche aufschraubte.

Mischa hatte inzwischen die Decke verlassen und stürzte sich mit einem komischen Anlauf wieder in das Eisloch.

In der Nacht von Sonntag auf Montag weckte Viktor ein hartnäckiges Telefonklingeln. Obwohl er schließlich endgültig wach war, hatte er trotzdem keine Lust aufzustehen, er lag da und wartete, daß der Anrufer die Geduld verlieren würde. Aber der verlor sie nicht. Sogar der Pinguin war aufgewacht und schnatterte.

Viktor stand schließlich auf und ging schwankend zum ununterbrochen läutenden Telefon.

›Was für idiotische Scherze!‹ dachte er wütend und griff zum Hörer.

»Hallo, Witja?« ertönte die Stimme des Chefs. »Entschuldige, daß ich dich geweckt habe! Eine ganz eilige Sache! Hörst du?«

»Ja.«

»Gleich kommt ein Bote mit einem Umschlag zu dir. Er wird vor dem Haus im Wagen auf dich warten. Versuch, so schnell wie möglich ein ›Kreuzchen‹ zu schreiben. Es soll noch in der Morgenausgabe erscheinen.«

Viktor sah auf seinen Wecker auf dem Hocker. Halb zwei.

»Okay«, sagte er.

Er zog sich seinen blauen Morgenmantel über, ging ins Badezimmer, wusch sich mit kaltem Wasser, setzte in der Küche Teewasser auf und stellte die Schreibmaschine auf den Tisch. Er blickte auf das Haus gegenüber; im ganzen Haus waren nur noch zwei Fenster erleuchtet.

Die Schlaflosigkeit anderer beunruhigte Viktor nicht. Er war jetzt ganz wach, spürte nur noch eine leichte Benommenheit im Kopf.

In der nächtlichen Stille hörte man ein Auto vorfahren. Eine Tür schlug zu.

Viktor saß geduldig da und wartete darauf, daß es an der Wohnungstür klingelte. Statt dessen hörte er ein vorsichtiges Klopfen.

Ein Mann von etwa fünfzig Jahren, mit verschlafenem Gesicht und geröteten Augen überreichte ihm einen großen braunen Umschlag.

»Ich bin unten im Auto. Sollte ich einschlafen, klopfen Sie an die Scheibe«, sagte er, ohne auch nur den Flur zu betreten.

Viktor nickte.

Er setzte sich vor die Schreibmaschine, öffnete den Umschlag und zog ein Blatt Papier und ein Theaterprogramm heraus.

»Parchomenko, Julija Andrejewna, 1955 geboren, seit 1988 Solistin an der Nationaloper. Verheiratet, zwei Kinder«, las Viktor einen maschinengeschriebenen Text. »1991 eine Brustoperation. 1993 wurde sie als Zeugin vor Gericht geladen; es wurde vermutet, daß sie mit dem plötzlichen, nie aufgeklärten Verschwinden der Sängerin der Nationaloper, Sanutschenko Irina Fedorowna, zu der sie in offen feindseligem Verhältnis stand, etwas zu tun hatte. 1995 weigerte sie sich, an einem Gastspiel in Italien teilzunehmen. Dadurch wäre das geplante Gastspiel fast geplatzt.«

Dann war handschriftlich hinzugeschrieben: »Hat den Verlust ihres nahen Freundes, des Schriftstellers und Parlamentsabgeordneten Nikolaj Aleksandrowitsch Jakornitzkij schwer verkraftet, den sie während ihres Auftritts auf einer geschlossenen Veranstaltung der Parlamentsabgeordneten, anläßlich der Feier zum Unabhängigkeitstag der Ukraine 1994, im Marienpalast, kennengelernt hatte.« Diese Zeilen waren rot unterstrichen, und Viktor erinnerte sich sofort an sein letztes Gespräch mit Igor Lwowitsch.

Die unterstrichenen Zeilen las er ein paarmal. Sie waren wenig informativ, aber seine Gedanken hatten sich schon auf den nötigen Trauerrhythmus des Textes eingestimmt.

Viktor blätterte das Programmheft durch. Auf der zweiten Seite prangte ein Farbfoto der Solistin. Eine schöne, stattliche Frau mit etwas greller, sicher künstlicher Wangenröte. Mandelförmige Augen, kastanienbraunes Haar, das in gleichmäßigen Wellen über die Schultern fiel.

Viktor konzentrierte sich wieder auf das leere Blatt Papier in der Schreibmaschine.

›Bei den Arabern gilt weiß als die Farbe der Trauer‹, dachte er, als er seine Finger über die Tastatur gleiten ließ.

»Alles Lebendige auf Erden hat seine Stimme. Die Stimme ist ein Ausdruck von Leben, ein Ausdruck von Glück oder Leid. Sie kann sich steigern, abbrechen, abreißen, sich in ein kaum hörbares Flüstern verwandeln. In diesem Chor der menschlichen Musik lassen sich die einzelnen Stimmen schwer auseinanderhalten, aber wenn eine plötzlich verstummt, spürt man ein Gefühl der Endlichkeit jeglichen Klanges, jeglichen Lebens. Die Stimme, die wir jetzt nie mehr hören dürfen, wurde von vielen geliebt … Sie ist unerwartet und allzu früh verstummt. In der Welt ist es stiller geworden, aber das ist nicht die Stille, die derjenige liebt, der Ruhe sucht. Diese Stille ist wie ein schwarzes Loch im Universum und verstärkt die Trauer um die Endlichkeit jeglichen Klanges und die Unendlichkeit vergangener und zukünftiger Verluste …«

Viktor stand auf, brühte sich einen Tee auf und kehrte mit der vollen Tasse an den Tisch zurück.

»Die Stimme von Julija Parchomenko ist verstummt. Aber solange die Wände des Marienpalastes stehen, die Vergoldung der inneren Kuppel die Pracht der Nationaloper reflektiert, bleibt sie unter uns, löst sich im Goldstaub der Luft auf, die wir atmen. Ihre Stimme wird zum Gold der Stille, die sie hinterläßt.«

›Ziemlich viel Gold‹, dachte Viktor, als er innehielt. Er las noch einmal die unterstrichenen Zeilen.

›Wie soll ich denn hier diesen Jakornitzkij unterbringend?‹ dachte er. – ›Liebe? Die Liebe …‹

Er überlegte, trank einen Schluck Tee. Las seinen Text und schrieb weiter.

»Vor kurzem erst erlitt Julija einen schweren Verlust. Die Stimme eines von ihr geliebten Menschen verschwand, verstummte plötzlich, stürzte mit einem Schrei nach unten, ins Unendliche, wohin nach den Gesetzen der Schwerkraft des Todes alles fällt, was überlebt ist, seine Zeit hinter sich oder einfach verspielt hat …«

Hier unterbrach Viktor wieder. Er sah sich das Programmheft noch mal genauer durch, dann huschte ein kaum merkliches Lächeln über sein Gesicht.

»Vor kurzem, als sie die Tosca in Puccinis Oper sang, spielte und sang sie in dieser Rolle ihre eigene Tragödie, besang alles – bis zu ihrem Sprung von der Festung. Es ist unwichtig, wie sie in der Realität gestorben ist. Auch wenn sie anders gestorben ist: Wir haben eine schwere Aufgabe zu bewältigen – uns an die Stille, die ihre Stimme hinterlassen hat, zu gewöhnen und in dieser Stille die goldenen Staubkörner ihrer Anwesenheit zu finden. Wir können nur gemeinsam schweigen, um in der aufkommenden Stille ihre Stimme besser zu hören, uns an sie zu erinnern und sie lange in unserem Gedächtnis zu bewahren, bis zu dem Zeitpunkt, wo auch unsere Stimmen sich mit der Stille und der Ewigkeit vermischen …«

Viktor richtete sich auf, holte tief Atem, als habe er nicht Buchstaben und Worte auf der Schreibmaschine getippt, sondern einen Hundertmeterlauf hinter sich. Er rieb sich mit den Fingern die Schläfen, um die Anspannung wegzuwischen, in die ihn dieser eilige nächtliche Auftrag getrieben hatte. Aber er hatte es geschafft.

Er las den Text noch einmal durch, und die Opernsängerin, die gestorben oder sonstwie umgekommen war, tat ihm selber leid.

Unten wartete das Auto.

Viktor stand auf, drehte sich um und erstarrte: Auf der Türschwelle stand unbeweglich der Pinguin und blickte ihn aufmerksam an. Nur seine Augen glitzerten lebendig, ohne aber seine Wünsche zu verraten. Er folgte einfach seinem Herrchen. Unvoreingenommen und ohne besonderen Grund.

Seufzend zwängte sich Viktor zwischen Tür und Pinguin hindurch auf den Flur, zog seine Winterjacke über den Schlafrock und lief mit dem Text hinunter.

Der Bote schlief mit dem Kopf auf dem Steuer. Viktor klopfte an die Scheibe. Der Mann rieb sich die Augen. Ohne ein Wort zu sagen, öffnete er die Wagentür, nahm das Blatt Papier in Empfang, ließ den Wagen an und fuhr los.

Viktor kehrte in seine Wohnung zurück. Die Nacht war im Eimer. Er verspürte keinerlei Lust zu schlafen, sein Körper war jetzt unnötigerweise ganz wach.

In seiner Hausapotheke fand er ein Schlafmittel, schluckte zwei Tabletten, trank einen Schluck warmes Wasser nach und ging ins Schlafzimmer.

Am nächsten Morgen um zehn Uhr rief der Chef wieder an. Er war mit dem Nachruf sehr zufrieden und entschuldigte sich noch einmal für die nächtliche Störung. In einigen Tagen könne Viktor auch sicher wieder in die Redaktion kommen, dürfe aber auf keinen Fall seinen Presseausweis zu Hause vergessen, da die Miliz jetzt am Eingang und auf allen Stockwerken kontrolliere.

Draußen herrschte weiter eisiges Winterwetter. Es war ziemlich still.

Mit dem Teekessel vor dem Herd stehend überlegte Viktor, was er mit dem neuen Tag anfangen sollte. Einerseits könnte er sich nach der Nachtarbeit einen freien Tag gönnen. Aber einen freien Tag müßte man noch interessanter gestalten als einen gewöhnlichen. Deshalb beschloß Viktor nach dem Kaffee, Zeitungen am Kiosk zu holen und danach zu entscheiden, was er unternehmen würde.

Die zweite Tasse Kaffee trank er schon während der Zeitungslektüre. Zuerst las er das Resultat seiner nächtlichen Bemühungen, das in einer Auflage von einer halben Million auf der vorletzten Seite abgedruckt war. Sie hatten Wort für Wort alles gedruckt; der Redakteur hatte den Text nicht angerührt. Vielleicht war es aber auch so, daß der Redakteur die Nacht durchgeschlafen hatte, während der Text schon zum Setzen in der Druckerei war. Auf der ersten Seite seiner Zeitung las Viktor einen langen Leitartikel: »Der Krieg ist noch nicht zu Ende, es herrscht nur Waffenstillstand.« Fotos, die an die Zeit des Sturms auf Grosnyj erinnerten, und Textspalten, die wie Militärkolonnen angeordnet waren, füllten abwechselnd die Seite. Viktor begann, mechanisch zu lesen, und je länger er las, desto faszinierter war er. Es stellte sich heraus, daß in Kiew, während Viktor ein normales Leben geführt hatte, schlachtenähnliche Machtkämpfe zwischen »zwei Mafia-Clans« stattgefunden hatten. Wenigstens wurde das im Artikel behauptet. Siebzehn Tote, neun Verletzte, fünf Explosionen. Unter den Toten waren auch der Chauffeur des Chefredakteurs, drei Polizisten, ein arabischer Geschäftsmann, einige Männer, die nicht identifiziert werden konnten, und die Solistin der Nationaloper.

Als Viktor die anderen Zeitungen durchblätterte, bemerkte er, daß dort dem Mafia-Krieg entschieden weniger Platz eingeräumt wurde als in den ›Hauptstadtnachrichten‹. Dafür war mehr über den Tod der Opernsolistin zu erfahren. Ihr Körper war am frühen Morgen auf der Talstation der Drahtseilbahn gefunden worden. Sie war mit einem Lederriemen erwürgt worden. Außerdem war ihr Mann, der Architekt, spurlos verschwunden und die Wohnung der beiden völlig auf den Kopf gestellt. Offensichtlich hatte jemand etwas gesucht.

Viktor überlegte. Der Tod der Solistin schien nichts mit dem Krieg der Clans zu tun zu haben. Ein völlig ›abseitiges‹ Verbrechen. ›Vielleicht hat der verschwundene Ehemann seine Hand im Spiel?‹ dachte Viktor. ›Vielleicht habe ich selber dazu beigetragen?‹ Seine eigenen Gedanken erschreckten ihn plötzlich. ›Ich habe ja in meinem Nekrolog auf Jakornitzkij über sie geschrieben. Natürlich ohne Namen, aber für viele war das sicher mehr als eine deutliche Anspielung … Und vielleicht war das für ihren Mann sozusagen der letzte Tropfen, der das Faß zum Überlaufen brachte?‹

Viktor seufzte tief. Einen Moment lang fühlte er sich schrecklich erschöpft. Sein Verdacht quälte ihn.

»Unsinn!« flüsterte er. »Warum sollte der Ehemann eine Durchsuchung seiner eigenen Wohnung veranlassen?«

Der Tag ging zu Ende und war merkwürdigerweise ziemlich produktiv gewesen. Auf dem Tisch lagen drei fertige Nachrufe. Hinter dem Fenster war es winterlich dunkel, auf dem Tisch dampfte eine frische Tasse Tee.

Viktor überflog die Zeilen der neuen Texte. Die Nekrologe waren ein bißchen kurz, weil er sich schon lange keine ergänzenden Informationen mehr von Fjodor geholt hatte. Aber das war kein Problem. Solange der Text nicht gedruckt war, konnte man weiter an ihm arbeiten.

Als er seinen Tee ausgetrunken hatte, knipste er das Licht in der Küche aus und wollte gerade schlafen gehen, als er ein Klopfen an der Tür hörte.

Einen Moment lang stand er bewegungslos im Flur und horchte in die Stille. Dann schlüpfte er aus seinen Pantoffeln, schlich barfuß zur Tür und sah durch den Spion. Vor der Tür stand Mischa-Nicht-Pinguin.

Viktor öffnete.

Auf Mischas Arm schlief Sonja. Er kam schweigend herein. Statt zu grüßen, nickte er nur.

»Wo kann ich sie hinlegen?« fragte Mischa und betrachtete seine Tochter.

»Ins Wohnzimmer«, flüsterte Viktor.

Mischa legte Sonja auf das Sofa und kehrte auf Zehenspitzen in den Flur zurück.

»Gehen wir in die Küche!« sagte er zu Viktor.

Der knipste das Licht wieder an.

»Setz Teewasser auf!« sagte Mischa.

»Es ist noch siedend heiß«, antwortete Viktor.

»Ich bleibe bis morgen früh hier bei dir ...«, sagte Mischa ein bißchen gehemmt. »Und Sonja soll erst mal hier wohnen ... Okay? Nur bis sich alles gelegt hat ...«

»Was soll sich legen?« fragte Viktor.

Aber er bekam keine Antwort. Sie saßen sich am Küchentisch gegenüber, nur daß Mischa auf Viktors Lieblingsplatz saß und Viktor mit dem Rücken zum Herd. Einen Augenblick lang schien es Viktor, als sähe er in Mischas Augen etwas Feindseliges aufblitzen.

»Vielleicht einen Kognak?« schlug Viktor vor, der die Spannung abbauen wollte, die wie eine Wolke über ihnen hing.

»Gern«, sagte der Gast.

Viktor schenkte sich und Mischa ein. Sie tranken schweigend.

Mischa trommelte tief in Gedanken versunken mit den Fingern auf den Tisch. Als er neben sich auf dem Fensterbrett den Stapel Zeitungen vom heutigen Tag entdeckte, zog er sie zu sich heran, nahm die oberste, sein Gesicht verzerrte sich. Er schob die Zeitungen zurück auf das Fensterbrett.

»Das Leben ist komisch«, sagte er und seufzte. »Da willst du einem Menschen was Gutes tun, und zum Schluß mußt du selber U-Boot spielen ...«

Viktor hörte seinem Gast aufmerksam zu, aber der Sinn des Gesagten blieb ihm so unfaßbar wie ein im Wind schwankendes Spinnennetz.

»Gieß uns noch ein Gläschen ein«, bat Mischa.

Nach dem zweiten Glas ging er auf den Flur, schaute ins Zimmer, in dem Sonja friedlich auf dem Sofa schlief, und kam in die Küche zurück.

»Du willst sicher wissen, was passiert ist?« fragte Mischa langsam, in sanfterem Ton und sah Viktor an.

Viktor schwieg. Er wollte nichts mehr wissen, er wollte schlafen und das merkwürdige Verhalten von Mischa-Nicht-Pinguin begann ihm lästig zu werden.

»Über die Schießerei und die Explosionen hast du ja gelesen?« begann er mit einem Blick auf die Zeitung.

»Ja und?«

»Weißt du, wer schuld daran ist?«

»Wer?«

Ein müdes, ungutes Lächeln huschte über Mischas Gesicht.

»Du ...«

»Ich? Wieso ich?«

»Natürlich nicht nur du ... Aber ohne dich wäre das nicht passiert.« Mischa sah Viktor ohne jedes Augenzwinkern an, und Viktor kam es so vor, als wenn er durch ihn hindurch irgendwohin ins Weite guckte. »Es ging dir damals beschissen, das habe ich gemerkt. Ich habe dich gefragt, warum, und du hast mir alles erzählt. Du warst ganz offen zu mir. Und genau diese kindliche Offenheit gefällt mir an dir ... Du wolltest, daß deine ›Kunststückchen‹ mit Trauerbalken drumherum gedruckt würden. Verständlich. Ich habe dich gefragt, wer dein Lieblingstoter ist ... Man wollte dir einfach was Gutes tun. – Gib uns noch einen.«

Viktor stand auf und schenkte Mischa und sich ein.

»Willst du damit sagen ...«, begann er verdutzt, »daß du Jakornitzkij ...?«

»Nicht ich, sondern wir«, korrigierte ihn Mischa. »Aber mach dir keine Sorgen, er hatte es mehr als verdient ... 'ne andere Sache ist, daß mit seinem Tod einige Privatisierungswillige ›verwaist‹ sind, von denen er Vorschüsse genommen hatte ... Außerdem hat er gewisse Papiere im Safe, mit denen er sich Sicherheit erkaufen und sein Leben verlängern wollte, und die betreffen leider seine Parlamentskollegen ... Die haben wirklich kein leichtes Leben ... Fast wie im Krieg ...«

Die darauf folgende Pause zog sich hin. Mischa sah aus dem Fenster. Viktor dachte fieberhaft über das gerade Gehörte nach.

»Hör mal«, sagte Viktor schließlich, »und am Tod seiner Geliebten soll ich auch ... beteiligt sein?«

»Du hast nicht begriffen«, sagte Mischa ruhig und belehrend. »Du und ich, wir haben die unterste Karte eines Kartenhauses gezogen. Alles, was danach passiert ist, das ist bloß der Einsturz. Jetzt muß man abwarten, bis sich der Staub gelegt hat ...«

»Ich auch?« fragte Viktor erschrocken.

Mischa zuckte mit den Schultern.

»Das muß jeder für sich selbst entscheiden«, er schenkte sich nach. »Aber du brauchst dir keine Sorgen zu machen. Anscheinend wirst du gut beschützt ... Deshalb bin ich auch zu dir gekommen ...«

»Von wem beschützt?«

Mischa winkte ab.

»Ich habe nicht gesagt, daß ich das genau weiß. Ich fühle es einfach. Wenn du keinen besonderen Schutz hättest, wärst du schon längst futsch ...«

Mischa schien angestrengt nachzudenken.

»Kann ich dich um einen Gefallen bitten?« fragte er nach einer Minute.

Viktor nickte.

»Geh schlafen, ich bleib hier noch ein bißchen sitzen ... ich muß nachdenken ...«

Viktor ging ins Schlafzimmer und legte sich hin. Aber er war nicht müde. Er horchte auf die Stille in der Wohnung, die durch nichts unterbrochen wurde. Anscheinend schliefen alle tief und ruhig. Plötzlich drang aus dem Wohnzimmer eine undeutliche Kinderstimme. Viktor horchte.

»Mama ... Mama ...«, murmelte Sonja im Schlaf.

›Ja, richtig, wo ist überhaupt ihre Mutter?‹ dachte Viktor. Schließlich schlief er ein.

Nach einiger Zeit kroch der Pinguin hinter dem dunkelgrünen Sofa hervor und watschelte träge zur angelehnten Wohnzimmertür. Er durchquerte das Zimmer, blieb einen Augenblick neben dem schlafenden Mädchen stehen, betrachtete es aufmerksam und setzte seinen Weg fort über den Flur, stupste die nächste Tür an und kam in die Küche.

Vor ihm saß ein fremder Mensch auf dem Platz seines Herrchens und schlief mit dem Kopf auf der Tischplatte.

Der Pinguin stand regungslos auf der Türschwelle und beobachtete ihn einige Minuten. Dann drehte er sich um und watschelte zurück.

ELKE HEIDENREICH

Am Südpol, denkt man,
ist es heiß

Am Südpol,

                    denkt man,

ist es heiß.

Ganz falsch gedacht!

Nur Schnee

und Eis!

Am Südpol stehn mit ernster Miene ...

– vielleicht auch noch ein bißchen mehr,
vielleicht ein bißchen wenigér –

... zweihunderttausend (!!!) Pinguine.

Sooo viele sind's! Wer zählt sie schon?
Da gibt es Vater, Mutter, Sohn,
gibt Tochter, Oma, Enkel, Tante,
gibt Freunde und gibt Anverwandte.
Sie wohnen dort und frieren nie
in ihrem Frack aus Pelz. *Aus Pelz?* ja wie?

(Die Wissenschaft weiß nicht zu sagen,
ob Pelz sie oder Federn tragen.
Erst hüllt ein Babyflaum sie ein –
kann Pelz, *können* auch Federn sein!
Na gut, ich geb es endlich zu,
dann hat die liebe Seele Ruh:
Ja, es sind Federn! Dicht und kraus!
Doch sehn sie nicht wie *Pelzchen* aus?)

Wo war ich? Ja. Sie frieren nie.
Dort stehn sie und dort schnattern sie.
Was sie so schnattern? Och, vielleicht,
wie lange wohl das Eis noch reicht,
ob's wohl noch kälter wird, ob Walter
den Winter schafft – bei seinem Alter!
Und ob die Kinder auch nicht frieren,
und daß Karlheinz auf allen vieren
am Abend neulich heimgekrochen
und habe sehr nach Schnaps gerochen –
kurzum:
Sie schnattern, was man halt so sagt,
wenn kalt und lang der Winter plagt.

Und sie sind immer fein gemacht:
im Frack bei Tag, im Frack bei Nacht.
(Nein, nur die Eltern sind so fein –
die Kinder sind ja noch zu klein,
sie sind noch weich und puschelig
und pelzig und ganz kuschelig,
doch irgendwann kommt so ein Lauser
am Schluß der Kindheit in die Mauser,
und unter diesem ganzen Flaum –
ja, guckt nur hin, man glaubt's ja kaum! –,
da blitzen schon die Fräcke raus!
Noch sieht das aber struppig aus.)

Wo war ich? Ja. Sie stehn im Frack –
warum? ist das denn ihr Geschmack?
Ich sehe schon, wie ihr nun rätselt:
Weshalb sind die so aufgebrezelt?
Was ist das für ein Phänomen?
Ob sie auf eine Party gehn?
Ach was! Hier ist nichts los! Man weiß:
(ich sagte es) nur Schnee und Eis.
Doch alle Pinguine wissen,
daß sie stets elegant sein müssen.
Denn ab und zu, man ahnt nie, wann,
legt hier am Pol ein Dampfer an.
Er kommt ganz plötzlich, wann er will,
mal im August, mal im April,
so etwa alle drei, vier Jahre.
An Bord, da hat er keine Ware.
Er bringt nicht Heizöl, nicht Touristen,
die hier ja auch nur frieren müßten.
(Sie würden denken: *Südpol? Heiß!*
Ihr wißt es besser: Schnee und Eis.)

Wo war ich? Ja, da kommt ein Schiff,
umfährt mit Vorsicht Eis und Riff,
es will nicht sinken wie Titanic,
nein, bitte nie mehr diese Panik!
Da kommt es gerade – seht mal hin!

Das ist –

        das Opernschiff aus Wien.

Ein Opernschiff? Was will das hier?
Im Eis? Am Südpol? Mit Klavier?
Mit Geigen, Trommeln, Klarinetten?
Spielt man am Südpol Operetten?
An Bord: ein Dirigent, zwei Chöre,
und, guckt doch bloß:

        DIE DREI TENÖRE!!!!

Sie sind es wirklich, alle drei.
An Land erhebt sich viel Geschrei.
Da wälzen sich nun augenblicklich
die Pinguine überglücklich.
Weltweit ist stets geheim geblieben,
daß Pinguine Opern lieben.
Nur die Tenöre wissen das
und fahrn zum Südpol, so aus Spaß.
(Na, ich will mal ganz ehrlich sein
und schenke reinen Wein euch ein:
Es will sie niemand sonst mehr sehn,
sie *müssen* bis zum Südpol gehn!
Doch das muß ein Geheimnis bleiben!
Ich wollt es eigentlich nicht schreiben ...
Egal, nun ist es raus, na und?
Ein jeder kommt mal auf den Hund.)

Der Pinguin

Vor abermillionen Jahren gab es einen Pinguin, *Pachydyptes ponderosus*, der war 1,60 Meter groß und hundert Kilogramm schwer – »zu klein, um Basketball zu spielen, aber schwer genug für American Football«, wie der Paläontologe Simpson gesagt hat. Leider ist P. ponderosus vor der Erfindung Amerikas ausgestorben, und mit dem Football wurde es nichts. Die heutigen Pinguine, die höchstens 1,15 Meter groß werden und manchmal bloß vierzig Zentimeter, stehen ratlos auf Eisschollen herum und wissen nicht, was sie machen sollen, zu klein und zu leicht nun auch für Football. (Manchmal sieht man sie Anlauf nehmen, die rechte Schulter nach vorne drücken und eine Möwe umrennen oder eine Robbe rammen. Dann bleiben sie wieder stehen und wissen nicht, wie es weitergehen soll mit ihrer Sehnsucht nach Ballspielen. Übrigens gibt es in Nordamerika eine Mannschaft, die »Pittsburgh Penguins« heißt. Sie spielt aber Eishockey, und außerdem heißt sie bloß so. Es sind Menschen.)

Irgendwie wird man bei der Betrachtung von Pinguinen nie das Gefühl los, sie warteten auf etwas oder hätten einen großen Wunsch und trauten sich nicht, ihn auszusprechen. Sagen wir es so: Pinguine wirken, als hätten sie unheimlich gerne richtige Arme, wie wir, mit Händen dran. Nicht bloß Flügelreste.

Uns geht die Geschichte vom Tierwärter im Kopf herum, der für die Pinguine im Zoo zuständig war. Immer, wenn er zu ihnen kam, drehten sich alle um. Für den Mann war das traurig, aber erklärlich ist es. Sie können einfach seine Arme nicht ansehen und die kräftigen Wärterhände. Wahrscheinlich hat ihnen der liebe Gott das alles bei der Schöpfung auch versprochen. Dann hat er die Sache vergessen, und nun stehen sie da und hoffen, daß er sich doch noch erinnert.

Für eine der größten Schweinereien, die man je mit Pinguinen veranstaltet hat, ist übrigens die britische Royal Air Force verantwortlich. Ihre Jets flogen auf den Falklands immer am Strand entlang, wo Tausende von Pinguinen stehen. Komischerweise berichtete ausgerechnet die *Südwest Presse* in Ulm, einer eher pinguinarmen Gegend, darüber ausführlich: »Erst fliegen die Piloten nach rechts, und die Pinguine schauen nach rechts, dann wieder nach links, und die Pinguine schauen nach links. Nach einigem Hin und Her schwenken die Flugzeuge aufs Meer hinaus und fliegen dann direkt über die Pinguine ins Land. Die neugierigen Vögel verrenken dabei den Hals so weit nach hinten, bis sie das Gleichgewicht verlieren und auf den Rücken fallen. Wer von den Piloten am meisten Pinguine umgeschmissen hat, ist Sieger.« Diese Gemeinheit werden wir der Air Force nie vergessen!

Klar ist aber: Hätten die Pinguine Hände, könnte so was nicht passieren. Sie hätten die Möglichkeit, sich festzuhalten oder beim Fallen abzustützen, genauso wie sie sich kratzen könnten, ohne dauernd umzukippen. Sie könnten mal dem Seeleoparden, der sie zu fressen versucht, eins aufs Maul hauen, und dem Riesensturmvogel, der ihre Kükenkolonien bedroht, an den Füßen aus der Luft zerren und zerzausen. Sie könnten sich umziehen und müßten nicht immerzu Frack tragen, das ganze Leben denselben Frack. Sie würden ja gerne mal nackt baden. Aber es geht nicht.

Doch vor allem: Sie könnten sich umarmen! Pinguine haben einen zehnmal besseren cw-Wert als ein Sportwagen, sie schwimmen siebenmal schneller als ein Mensch, sie haben den Strömungswiderstand eines Fünfmarkstücks – aber nie können sie ihrer Frau den Nacken kraulen, nie die Arme um ihren Körper schlingen, nie die Geliebte an sich ziehen. Im Zoo sehen sie Menschen, die mit ihren Händen die wunderbarsten Dinge tun, und sie stellen sich vor, wie auch sie ihre Handflächen über das Federkleid einer Pinguinin schweifen lassen würden oder wie unter ihren geschickten Fingern das aufgeknöpfte weiße Hemd eines Pinguinerichs zu Boden sänke. Schauen an sich herunter und sehen Schwimmstummel. Ihre Trauer ist namenlos.

»Pinguine haben es bei der Liebe schwerer als andere Vögel«, schreibt Rory Wilson in dem vorzüglichen Werk über *Die Welt der Pinguine*, das er zusammen mit Boris Culik verfaßt hat. »Ihre Körper sind flaschenförmig, und jeder, der schon einmal versucht hat, zwei Flaschen aufeinanderzulegen, weiß, was ich meine … Eine falsche Bewegung, und das Männchen stürzt ab.« Sex ist für sie bloß ein Balanceakt und dauert wenige Sekunden, denn sie haben nichts, womit sie sich länger aneinander festhalten können.

Hände, o Herr! Gib ihnen Hände.

Mister Poppers Pinguine

Stillwater

Es war an einem Nachmittag Ende September. In der hübschen kleinen Stadt Stillwater ging Mr. Popper, der Malermeister, gerade von der Arbeit nach Hause.

Er trug seine Eimer, seine Leitern und Bretter, so daß es ihm ziemlich schwerfiel voranzukommen. Hier und da war er mit Farbe und Kalkmilch bespritzt, und an seinem Haar und seinem Schnurrbart klebten kleine Stückchen Tapete, denn Reinlichkeit war nicht so ganz seine Sache.

Die Kinder schauten vom Spielen auf und lächelten ihn an, als er vorüberging, und die Hausfrauen sagten, als sie ihn erblickten: »Du liebe Güte, da geht ja Mr. Popper. Ich darf nicht vergessen, meinen Mann zu bitten, das Haus im Frühjahr neu anstreichen zu lassen.«

Niemand wußte, was sich in Mr. Poppers Kopf abspielte, und keiner ahnte, daß er eines Tages der berühmteste Mann in Stillwater sein würde.

Er war ein Träumer. Selbst wenn er eifrigst damit beschäftigt war, den Kleister auf der Tapete glatt zu pinseln oder anderer Leute Häuser außen anzustreichen, vergaß er hin und wieder, was er gerade tat.

Einmal hatte er drei Wände einer Küche grün gestrichen und die vierte Wand gelb. Der Hausfrau, statt nun wütend zu sein und ihm zu sagen, er müsse alles noch einmal streichen, hatte das so gut gefallen, daß sie ihn gebeten hatte, es einfach so zu lassen. Und auch alle anderen Hausfrauen bewunderten es, als sie es sahen, so daß es schon bald darauf in jedem Haus in Stillwater eine zweifarbig gestrichene Küche gab.

Der Grund für Mr. Poppers ständige Geistesabwesenheit war, daß er immer von fernen Ländern träumte. Er war niemals aus Stillwater herausgekommen. Nicht, daß er unglücklich war. Er hatte ein eigenes hübsches kleines Haus, eine Frau, die er von ganzem Herzen liebte, und zwei Kinder, Janie und Bill. Und doch wäre es schön gewesen, so dachte er oft, wenn er etwas von der Welt hätte sehen können, bevor er Mrs. Popper kennenlernte und einen Hausstand gründete.

Niemals hatte er Tiger in Indien gejagt oder die Gipfel des Himalaja bestiegen oder in der Südsee nach Perlen getaucht. Und vor allem hatte er nie die Erdpole gesehen.

Das war's, was er am meisten bedauerte. Nie hatte er jene glänzenden weißen Eis- und Schneeflächen gesehen. Wie sehnlich er sich wünschte, lieber Wissenschaftler geworden zu sein als Malermeister in Stillwater, so daß er vielleicht an einer der großen Polarexpeditionen hätte teilnehmen können! Da er nicht mitfahren konnte, dachte er ständig an sie.

Immer, wenn er hörte, daß es einen Polarfilm in der Stadt gab, war er der Erste an der Kinokasse, und oft sah er sich den Film dreimal an. Immer, wenn die Stadtbibliothek ein neues Buch über die Arktis oder die Antarktis – den Nordpol oder den Südpol – bereithielt, war Mr. Popper der Erste, der es auslieh. Tatsächlich hatte er so viel über Polarforscher gelesen, daß er sie alle beim Namen nennen und einem erzählen konnte, was jeder Einzelne von ihnen getan hatte. Auf diesem Gebiet kannte er sich wirklich gut aus.

Der Abend war für ihn die schönste Zeit. Dann konnte er sich in seinem kleinen Haus hinsetzen und über diese kalten Gebiete am oberen und am unteren Ende der Welt lesen. Beim Lesen konnte er den kleinen Globus nehmen, den Janie und Bill ihm vergangene Weihnachten geschenkt hatten, und genau die Stelle ausfindig machen, über die er gerade las.

Also war er jetzt, während er durch die Straßen ging, glücklich, weil der Tag vorüber und weil es Ende September war.

Als er an die Gartentür vor dem gepflegten kleinen Haus in der Proudfoot Avenue 432 kam, ging er hinein.

»Nun, meine Liebe«, sagte er, indem er seine Eimer und Leitern und Bretter absetzte und Mrs. Popper einen Kuß gab, »die Saison fürs Tapezieren und Streichen ist vorbei. Ich habe alle Küchenwände in Stillwater angestrichen; ich habe alle Zimmer in dem neuen Wohnblock in der Elm Street tapeziert. Es gibt keine Arbeit mehr bis zum Frühjahr, wenn die Leute ihre Häuser neu anstreichen lassen wollen.«

Mrs. Popper seufzte. »Manchmal wünschte ich, du hättest die Art von Arbeit, die das ganze Jahr über dauert statt bloß vom Frühjahr bis zum Herbst«, sagte sie. »Natürlich wird es sehr schön sein, dich für eine Urlaubszeit zu Hause zu haben, aber es ist ein bißchen schwer, sauber zu machen, während ein Mann den ganzen Tag herumsitzt und liest.«

»Ich könnte bei uns tapezieren oder das Haus für dich neu streichen.«

»Nein, auf keinen Fall«, sagte Mrs. Popper energisch. »Vergangenes Jahr hast du das Badezimmer viermal gestrichen, weil du sonst nichts zu tun hattest, und ich glaube, das reicht. Aber, was mir Sorgen macht, ist das Geld. Ich habe ein bißchen gespart, und ich wage zu behaupten, daß wir damit so auskommen können wie in anderen Wintern auch. Kein Roastbeef mehr, kein Eis mehr, nicht einmal sonntags.«

»Werden wir jeden Tag Bohnen essen?« fragten Janie und Bill, die gerade vom Spielen hereinkamen.

»Leider ja«, sagte Mrs. Popper. »Trotzdem, geht und wascht euch die Hände zum Abendessen. Und, Papa, stell die Eimer mit den Farbresten weg; du wirst sie eine ganze Zeit lang nicht mehr brauchen.«

Die Stimme aus dem Äther

Später, nachdem sie die kleinen Poppers zu Bett gebracht hatten, machten Mr. und Mrs. Popper es sich gemütlich, um einen langen, ruhigen Abend zu verbringen. Das hübsche Wohnzimmer in der Proudfoot Avenue 432 sah ganz genauso aus wie alle anderen Wohnzimmer in Stillwater, außer daß überall an den Wänden Bilder aus dem *National Geographie-Magazin* hingen. Mrs. Popper nahm ihre Flickarbeit auf, während Mr. Popper seine Pfeife, sein Buch und seinen Globus herbeiholte.

Von Zeit zu Zeit seufzte Mrs. Popper ein wenig, als sie an den langen Winter dachte, der vor ihnen lag. Sie fragte sich, ob sie auch wirklich genügend Bohnen hätten, um damit auszukommen.

Mr. Popper machte sich jedoch keine Sorgen. Als er sich die Brille aufsetzte, war er ganz zufrieden mit der Aussicht, einen ganzen Winter lang Reisebücher zu lesen, ohne daß ihn irgendeine Arbeit dabei unterbrach. Er stellte seinen kleinen Globus neben sich und fing an zu lesen.

»Was liest du denn gerade?« fragte Mrs. Popper.

»Ein Buch mit dem Titel *Abenteuer in der Antarktis*. Es berichtet von den verschiedenen Leuten, die zum Südpol gereist sind, und was sie dort herausgefunden haben.«

»Wirst du denn nie müde, über den Südpol zu lesen?«

»Nie, nie. Natürlich würde ich viel lieber dort hinfahren als darüber zu lesen. Aber zu lesen ist das Zweitbeste.«

»Ich denke, da unten muß es langweilig sein«, sagte Mrs. Popper. »Mir kommt es sehr öde und kalt vor, mit all dem Eis und Schnee.«

»Aber nein«, antwortete Mr. Popper. »Du würdest nicht meinen, daß es öde sei, wenn du im letzten Jahr mitgekommen wärst und dir die Filmaufnahmen der Expedition von Admiral Drake im Bijou angesehen hättest.«

»Na ja, ich hab sie eben nicht gesehen, und ich glaube, in der nächsten Zeit wird keiner von uns Geld fürs Kino haben«, antwortete Mrs. Popper ein wenig scharf. Sie war durchaus keine streitsüchtige Frau, aber manchmal wurde sie doch recht ärgerlich, wenn sie sich Sorgen um Geld machte.

»Wenn du mitgegangen wärst, meine Liebe«, fuhr Mr. Popper fort, »hättest du gesehen, wie schön die Antarktis ist. Aber ich glaube, am großartigsten von allem sind die Pinguine. Kein Wunder, daß alle Männer auf dieser Expedition soviel Spaß daran hatten, mit ihnen zu spielen. Sie sind die komischsten Vögel auf der Welt. Sie fliegen nicht, wie andere Vögel. Sie gehen aufrecht wie kleine Menschen. Wenn sie müde werden herumzulaufen, legen sie sich einfach auf den Bauch und schliddern. Es wäre wunderbar, einen als Haustier zu haben.«

»Haustiere!« rief Mrs. Popper. »Erst kommt Bill und will einen Hund, und dann bettelt Janie wegen einem Kätzchen. Und jetzt du und Pinguine! Aber ich dulde keine Haustiere hier. Sie machen zu viel Schmutz im Haus, und ich habe schon jetzt genug Arbeit, wenn ich versuche, hier alles sauber zu halten. Ganz zu schweigen davon, was es kostet, ein Haustier zu füttern. Und außerdem haben wir ja das Glas mit den Goldfischen.«

»Pinguine sind sehr intelligent«, fuhr Mr. Popper fort. »Hör dir das mal an, Mama. Hier steht, daß sie, wenn sie Krabben fangen wollen, sich alle zusammen am Ufer an den Rand des Eises drängen. Nur springen sie nicht einfach hinein, weil ja ein Seeleopard darauf warten könnten, die Pinguine zu fressen. Also drängeln und schieben sie, bis es ihnen gelingt, einen Pinguin hineinzuschubsen, um zu sehen, ob es auch sicher ist. Das heißt, wenn er nicht gefressen wird, wissen die anderen, daß es für sie alle ungefährlich ist hineinzuspringen.«

»Du liebe Güte!« sagte Mrs. Popper schockiert. »Das klingt mir so, als ob sie ziemlich barbarische Vögel wären.«

»Es ist komisch«, sagte Mr. Popper, »daß alle Eisbären am Nordpol leben und alle Pinguine am Südpol. Ich möchte doch meinen, daß die Pinguine sich auch am Nordpol wohlfühlen würden, wenn sie nur wüßten, wie sie dahin kommen könnten.«

Um zehn Uhr gähnte Mrs. Popper und legte ihre Flickarbeit hin. »Also, du kannst ja noch weiter über die barbarischen Vögel lesen, aber ich gehe jetzt zu Bett. Morgen ist Donnerstag, der dreißigste September, und ich muß zur ersten Versammlung des Frauenhilfs- und Missionsvereins.«

»Der dreißigste September!« rief Mr. Popper aufgeregt. »Du willst doch nicht etwa sagen, daß heute Mittwochabend, der neunundzwanzigste September, ist?«

»Nun ja doch, ich glaube schon. Aber was ist daran denn so Besonderes?«

Mr. Popper legte sein Buch über die *Abenteuer in der Antarktis* beiseite und trat hastig ans Radio.

»Was ist daran denn so Besonderes!« wiederholte er und stellte das Radio an. »Dies ist doch der Abend, an dem Drakes Antarktisexpedition sich zum ersten Mal über Rundfunk melden will.«

»Das ist doch nichts«, sagte Mrs. Popper. »Bloß eine Menge Männer am Ende der Welt, die ›Hallo, Mama. Hallo, Papa‹ sagen.«

»*Psst!*« befahl Mr. Popper und legte sein Ohr dicht ans Radio.

Es summte und brummte, und dann schwebte plötzlich leise eine Stimme vom Südpol her ins Wohnzimmer der Poppers.

»Hier spricht Admiral Drake. Hallo, Mama. Hallo, Papa. Hallo, Mr. Popper.«

»Du lieber Himmel!« rief Mrs. Popper aus. »Hat er ›Papa‹ oder ›Popper‹ gesagt?«

»Hallo, Mr. Popper da oben in Stillwater. Vielen Dank für Ihren netten Brief zu dem Film über unsere letzte Expedition. Geben Sie acht auf eine Antwort. Aber nicht eine per Brief, Mr. Popper. Seien Sie auf eine Überraschung gefaßt. Ende der Übertragung. Ende der Übertragung.«

»*Du* hast an Admiral Drake geschrieben?«

»Ja«, gab Mr. Popper zu. »Ich habe ihm geschrieben und ihm mitgeteilt, wie lustig ich die Pinguine fand.«

»Nein, so was!« sagte Mrs. Popper sehr beeindruckt.

Mr. Popper nahm seinen kleinen Globus hoch und fand die Antarktis darauf. »Und sich vorzustellen, daß er von ganz dort unten her zu mir gesprochen hat! Und er hat sogar meinen Namen genannt. Mama, was glaubst du wohl, was er mit einer Überraschung meint?«

»Ich habe nicht die geringste Ahnung«, antwortete Mrs. Popper, »aber ich gehe jetzt zu Bett. Ich will morgen nicht zu spät zur Versammlung des Frauenhilfs- und Missionsvereins kommen.«

Aus der Antarktis

Weil er noch ganz aufgeregt war darüber, daß der große Admiral Drake durchs Radio zu ihm gesprochen hatte, und über die Botschaft des Admirals rätselte, konnte Mr. Popper in dieser Nacht nicht ruhig schlafen. Er wußte überhaupt nicht, wie er es aushalten könnte, so lange zu warten, bis er erfahren würde, was der Admiral gemeint hatte. Als der Morgen kam, tat es ihm fast leid, daß er nirgendwo hingehen mußte, kein Haus zu streichen hatte, kein Zimmer zu tapezieren. Es hätte ihm geholfen, die Zeit zu vertreiben.

»Möchtest du, daß ich das Wohnzimmer neu tapeziere?«

fragte er Mrs. Popper. »Ich habe noch ein ganze Menge Tapeten Nr. 88, die im Haus des Bürgermeisters übriggeblieben ist.«

»Nein, das möchte ich nicht«, sagte Mrs. Popper bestimmt. »Die Tapete, die wir jetzt an den Wänden haben, ist mehr als gut genug. Ich gehe heute zur ersten Versammlung des Frauenhilfs- und Missionsvereins, und wenn ich nach Hause komme, will ich hier kein Durcheinander haben, das ich noch aufräumen muß.«

»Schon gut, meine Liebe«, sagte Mr. Popper nachgiebig, und er ließ sich mit seiner Pfeife, seinem Globus und seinem Buch über die *Abenteuer in der Antarktis* nieder. Aber als er an diesem Tag las, konnte er sich irgendwie nicht auf die gedruckten Wörter konzentrieren. Seine Gedanken schweiften immer wieder ab zu Admiral Drake. Was könnte er mit einer Überraschung für Mr. Popper bloß gemeint haben? Um innerlich zur Ruhe zu kommen, mußte er glücklicherweise nicht gar so lange warten. An diesem Nachmittag, während Mrs. Popper noch in ihrer Versammlung war und Janie und Bill noch nicht von der Schule nach Hause gekommen waren, klingelte es laut an der Haustür.

»Das ist vermutlich bloß der Briefträger. Ich mache mir erst gar nicht die Mühe, an die Tür zu gehen«, sagte er zu sich selbst.

Es klingelte noch einmal, dieses Mal ein wenig lauter. Murrend ging Mr. Popper an die Tür.

Es war nicht der Briefträger, der davor stand. Es war ein Mann von einer Spedition mit der größten Kiste, die Mr. Popper je gesehen hatte.

»Popper – wohnt hier so jemand?«

»Das bin ich.«

»Also, hier ist ein Paket, das per Luftfracht den ganzen Weg von der Antarktis bis hierher gekommen ist. 'ne ganz schöne Reise, würd ich sagen.«

Mr. Popper setzte seinen Namen unter den Frachtschein und sah sich die Kiste prüfend an. Überall waren Hinweise draufgeklebt. »SOFORT AUSPACKEN«, stand auf einem der Zettel. »KÜHL LAGERN«, hieß es auf einem anderen. Er bemerkte, daß in die Kiste hier und da Luftlöcher gebohrt waren.

Man kann sich wohl denken, daß Mr. Popper, als er die Kiste erst einmal im Hause hatte, keine Zeit verlor, den Schraubenzieher zu holen. Denn inzwischen hatte er natürlich erraten, daß es sich um die Überraschung von Admiral Drake handelte.

Es war ihm gerade gelungen, die äußeren Bretter zu entfernen und einen Teil der Verpackung, die aus einer Schicht Trockeneis bestand, als er plötzlich tief aus der Kiste heraus ein leises »*Ork*« hörte. Ihm stand das Herz still. Diesen Laut hatte er doch schon früher in dem Film über die Drake-Expedition gehört! Die Hände zitterten ihm so sehr, daß er kaum den letzten Teil der Verpackung abheben konnte.

Es gab nicht den geringsten Zweifel. Es war ein Pinguin.

Mr. Popper war vor Freude ganz sprachlos.

Aber der Pinguin war nicht sprachlos. »*Ork*«, sagte er wieder, und diesmal streckte er seine Flossen aus und sprang über die Reste der Verpackung.

Es war ein kräftiger kleiner Kerl, ungefähr fünfundsiebzig Zentimeter groß. Obwohl er etwa die Größe eines kleinen Kindes hatte, sah er viel mehr wie ein eleganter kleiner Herr aus, mit seiner glatten weißen Weste vorne und seinem langen schwarzen Frack, der ein wenig hinterherschleifte. Seine Augen auf seinem schwarzen Kopf waren eingefaßt von zwei weißen Kreisen. Er drehte den Kopf von einer Seite zur anderen und sah Mr. Popper zuerst mit dem einen Auge und dann mit dem anderen prüfend an.

Mr. Popper hatte gelesen, daß Pinguine höchst neugierig

sind, und er stellte bald fest, daß das stimmte, denn der Besucher stieg über die Bretter der Kiste und fing an, das Haus
genauer in Augenschein zu nehmen. Mit seltsamen gespreiz-
ten kleinen Schritten stolzierte er den Flur entlang und in die
Zimmer hinein. Als er – Mr. Popper hatte sich schon allmählich gedacht, daß es wohl ein Männchen sei – ins Badezimmer kam, sah er sich mit zufriedener Miene um.

»Vielleicht«, dachte Mr. Popper, »erinnern ihn all die weißen Fliesen an das Eis und den Schnee am Südpol. Armes
Kerlchen, vielleicht hat er Durst.«

Vorsichtig begann Mr. Popper, die Badewanne mit kaltem
Wasser zu füllen. Das war ein bißchen schwierig, weil der
neugierige Vogel immer wieder mit seinem scharfen roten
Schnabel hinüberlangte und versuchte, die Wasserhähne zu
beißen. Schließlich gelang es aber, die Wanne bis obenhin zu
füllen. Da der Pinguin ihn immer wieder anblickte, nahm
Mr. Popper ihn hoch und ließ ihn hineinplumpsen. Der Pinguin schien nichts dagegen einzuwenden zu haben.

»Also, scheu bist du jedenfalls nicht«, sagte Mr. Popper.
»Ich denke mal, du hast dich einigermaßen daran gewöhnt,
mit diesen Forschern am Pol herumzuspielen.«

Als er meinte, daß der Pinguin lange genug gebadet hatte,
zog Mr. Popper den Stöpsel heraus. Er fragte sich gerade,
was er wohl als Nächstes tun könnte, als Janie und Bill aus
der Schule kamen und hereinstürzten.

«Papa!« riefen beide gleichzeitig an der Badezimmertür.
»Was ist das?«

»Das ist ein Südpolpinguin, den mir Admiral Drake geschickt hat.«

»Schau mal!« sagte Bill. »Jetzt marschiert er umher.«

Der Pinguin marschierte tatsächlich entzückt umher. Mit
zufriedenem kurzen Nicken seines hübschen schwarzen
Kopfes stolziert er in der Badewanne hin und her. Manchmal
schien er die Schritte zu zählen, die er machte – sechs Schritte

in der Länge, zwei Schritte quer, wieder sechs Schritte längs und noch einmal zwei quer.

»Für einen so großen Vogel macht er schrecklich kleine Schritte«, sagte Bill.

»Und schau mal, wie er seinen kleinen schwarzen Mantel hinter sich herschleppt. Es sieht fast so aus, als ob er für ihn zu groß wäre«, sagte Janie.

Aber der Pinguin hatte genug davon, herumzumarschieren. Als er diesmal am Ende der Wanne ankam, entschloß er sich, die rutschige Wölbung hochzuspringen. Dann drehte er sich um und schlitterte auf seinem weißen Bauch mit ausgestreckten Flossen hinunter. Sie konnten erkennen, daß diese Flossen, außen schwarz wie die Ärmel eines Fracks, auf der Unterseite weiß waren.

»*Guk! Guk!*« sagte der Pinguin und probierte sein neues Spiel immer wieder aus.

»Wie heißt er, Papa?« fragte Janie.

»*Guk! Guk!*« sagte der Pinguin und rutschte noch einmal auf seinem glänzend weißen Bauch hinunter.

»Es hört sich an wie ›Cook‹«, sagte Mr. Popper. »Aber ja, natürlich, ich hab's. Wir nennen ihn Cook – Käpten Cook.«

Käpten Cook

»Nennen wen Käpten Cook?« fragte Mrs. Popper, die so leise hereingekommen war, daß keiner sie gehört hatte.

»Na, den Pinguin«, sagte Mr. Popper. »Ich habe gerade gesagt«, fuhr er fort, als Mrs. Popper sich plötzlich auf den Boden setzte, um sich von ihrer Überraschung zu erholen, »daß wir ihn nach Käpten Cook nennen. Er war ein berühmter englischer Forscher, der etwa um die Zeit des amerikanischen Unabhängigkeitskriegs gelebt hat. Er segelte überallhin, wo niemand jemals zuvor gewesen war. Natürlich ist er nicht wirklich bis zum Südpol gekommen, aber er hat eine Menge wissenschaftlicher Entdeckungen über die antarktischen Gebiete gemacht. Er war ein mutiger Mann und ein freundlicher Führer. Deshalb denke ich, Käpten Cook wäre ein sehr passender Name für unseren Pinguin hier.«

»Nein, so was!« sagte Mrs. Popper.

»*Gork!*« sagte Käpten Cook und wurde plötzlich wieder ganz lebhaft. Mit einem Schlag seiner Flossen sprang er von der Badewanne ins Waschbecken, stand da eine Minute lang und musterte den Fußboden. Dann sprang er hinunter, spazierte zu Mrs. Popper und begann, an ihrem Knöchel zu pikken.

»Halt ihn auf, Papa!« kreischte Mrs. Popper, als sie in den Flur zurückwich und Käpten Cook, Mr. Popper und die Kinder hinter ihr herliefen. Im Wohnzimmer blieb sie stehen. Käpten Cook auch, denn er war von dem Zimmer ganz entzückt.

Nun mag ein Pinguin in einem Wohnzimmer ja sehr merkwürdig aussehen, aber noch viel merkwürdiger sieht ein Wohnzimmer für einen Pinguin aus. Selbst Mrs. Popper mußte lächeln, als sie beobachtete, wie Käpten Cooks aufgeregte runde Augen vor Neugier funkelten und wie er seinen schwarzen Frack wichtigtuerisch hinter seinen rosafarbenen Füßchen herschleppte, als er von einem Polstersessel zum anderen stolzierte und an jedem von ihnen pickte, um festzustellen, woraus er gemacht war. Dann drehte er sich plötzlich um und marschierte hinaus in Richtung Küche.

»Vielleicht hat er Hunger«, sagte Janie.

Käpten Cook marschierte augenblicklich zum Kühlschrank.

»*Gork?*« erkundigte er sich, drehte sich dabei um, neigte seinen Kopf klug zu Mrs. Popper hin und blickte sie flehentlich mit seinem rechten Auge an.

»Er ist ganz schön schlau«, sagte sie. »Ich muß ihm wohl

verzeihen, daß er mich in den Knöchel gebissen hat. Wahrscheinlich hat er das nur aus Neugier gemacht. Jedenfalls ist er ein netter, sauber aussehender Vogel.«

»*Ork?*« wiederholte der Pinguin und knabberte mit hochgerecktem Schnabel am Metallgriff der Kühlschranktür.

Mr. Popper öffnete die Tür für ihn, und Käpten Cook richtete sich hoch auf und legte seinen geschmeidigen schwarzen Kopf in den Nacken, so daß er hineinsehen konnte. Jetzt, da Mr. Popper den Winter über nichts zu tun hatte, war der Eisschrank nicht ganz so voll wie sonst, aber das wußte der Pinguin nicht.

»Was meinst du, frißt er wohl gern?« fragte Mrs. Popper.

»Schaun wir doch mal«, sagte Mr. Popper, während er alle Lebensmittel herausnahm und sie auf den Küchentisch legte. »Also, Käpten Cook, sieh dir das mal an.«

Käpten Cook sprang auf einen Stuhl und von dort auf die Tischkante, wobei er wieder mit den Flossen schlug, um ins Gleichgewicht zu kommen. Dann spazierte er feierlich auf dem Tisch und zwischen den Lebensmitteln umher und musterte alles mit größtem Interesse, obwohl er nichts anrührte. Schließlich stand er still, ganz aufrecht, richtete seinen Schnabel zur Decke und gab ein lautes, fast schnurrendes Geräusch von sich.

»*O-r-r-r-r-h, o-r-r-r-h*«, trillerte er.

»Das ist die Art und Weise, wie ein Pinguin sagt, wie erfreut er ist«, sagte Mr. Popper, der in seinen Antarktisbüchern darüber gelesen hatte.

Anscheinend wollte Käpten Cook jedoch zeigen, daß ihn eher ihre Freundlichkeit als ihr Essen erfreute. Denn jetzt sprang er zu ihrer Überraschung hinunter und spazierte ins Eßzimmer.

»Jetzt weiß ich's«, sagte Mr. Popper. »Wir sollten ein paar Meeresspeisen für ihn haben, Büchsenkrabben oder so etwas. Oder vielleicht ist er noch nicht hungrig. Ich habe gelesen, daß Pinguine einen Monat lang ohne Nahrung auskommen können.«

»Mama! Papa!« rief Bill. »Kommt mal her und seht euch an, was Käpten Cook gemacht hat.«

Da hatte Käpten Cook wirklich etwas fertiggebracht! Er hatte das Glas mit den Goldfischen auf dem Fensterbrett des Wohnzimmers entdeckt. Bis Mrs. Popper bei ihm war, um ihn wegzuziehen, hatte er schon den letzten Goldfisch hinuntergeschluckt.

»Böser, böser Pinguin!« schalt Mrs. Popper und blickte zornig auf Käpten Cook hinab.

Käpten Cook kauerte sich schuldbewußt auf den Teppich und versuchte, sich ganz klein zu machen.

»Er weiß, daß er etwas falsch gemacht hat«, sagte Mr. Popper. »Ist er nicht klug?«

»Vielleicht können wir ihn erziehen«, sagte Mrs. Popper. »Böser, ungezogener Käpten«, sagte sie mit lauter Stimme zu dem Pinguin. »Böse, die Goldfische zu fressen.« Und sie gab ihm einen Klaps auf seinen runden schwarzen Kopf.

Noch bevor sie das ein zweites Mal tun konnte, watschelte Käpten Cook eilig wieder Richtung Küche.

Dort fanden ihn die Poppers, wie er gerade versuchte, sich in dem immer noch offenen Kühlschrank zu verstecken. Er kauerte sich unter die Spulen für die Eiswürfel, unter die er sich kaum quetschen konnte, und setzte sich hin. Geheimnisvoll blickten sie seine runden, weiß umkränzten Augen aus dem halbdunklen Innern des Kühlschranks an.

»Ich glaube, das ist für ihn so ungefähr die richtige Temperatur«, sagte Mr. Popper. »Wir können ihn nachts da schlafen lassen.«

»Aber wo soll ich dann die Lebensmittel hintun?« sagte Mrs. Popper.

»Ach, wir können uns vermutlich einen anderen Eisschrank für die Lebensmittel besorgen«, sagte Mr. Popper.

»Seht mal«, sagte Janie. »Er ist eingeschlafen.«

Mr. Popper stellte die Kühleinstellung auf den stärksten Kältegrad, damit Käpten Cook angenehmer schlafen konnte. Dann ließ er die Tür einen Spaltbreit offen, so daß der Pinguin genügend frische Luft zum Atmen haben würde.

»Morgen lasse ich den Eisschrank-Kundendienst einen Mann herschicken, der ein paar Luftlöcher in die Tür bohren soll«, sagte er, »und dann kann er innen an der Tür einen Griff anbringen, so daß Käpten Cook in seinen Kühlschrank hinein und wieder heraus kann, wie es ihm gefällt.«

»Also, du lieber Himmel, ich habe nie gedacht, daß wir einen Pinguin als Haustier haben würden«, sagte Mrs. Popper. »Trotzdem, im großen und ganzen benimmt er sich ziemlich gut, und er ist so schön sauber, daß er vielleicht für dich und die Kinder ein gutes Beispiel sein wird. Und jetzt, hört mal, müssen wir an die Arbeit. Wir haben nichts getan, außer diesen Vogel zu beobachten. Papa, hilfst du mir bitte mal gerade, die Bohnen auf den Tisch zu stellen?«

»Einen Augenblick«, antwortete Mr. Popper. »Mir fällt da gerade ein, daß sich Käpten Cook dort auf dem Boden im Eisschrank nicht ganz wie zu Hause fühlen wird. Pinguine bauen ihre Nester aus Kieseln und anderen Steinen. Darum hole ich mal eben ein paar Eiswürfel aus dem Behälter und lege sie unter ihn. So wird es ihm angenehmer sein.«

Ärger um einen Pinguin

Der nächste Tag in der Proudfoot Avenue 432 verlief ziemlich ereignisreich. Zuerst kam der Mann vom Kühlschrank-Kundendienst und dann der Polizist, und dann gab's da noch den Ärger um die Genehmigung.

Käpten Cook war im Kinderzimmer und schaute zu, wie Janie und Bill auf dem Fußboden gemeinsam ein Puzzle zusammensetzen. Er brachte es sehr wohl fertig, die Teilchen in Ruhe zu lassen, nachdem Bill ihm einen Klaps gegeben hatte, weil er eines gefressen hatte. Er hörte nicht, wie der Mann vom Kühlschrank-Kundendienst an die Hintertür des Hauses kam.

Mrs. Popper war einkaufen gegangen, um Büchsenkrabben für den Pinguin zu holen, so daß Mr. Popper allein in der Küche war, um dem Mann vom Kundendienst zu erklären, was er an dem Kühlschrank gemacht haben wollte.

Der Mann stellte seine Werkzeugtasche auf den Küchenboden, blickte den Kühlschrank an und dann Mr. Popper, der, um die Wahrheit zu sagen, sich noch nicht rasiert hatte und nicht so besonders ordentlich aussah.

»Mein Herr«, sagte er, »Sie brauchen keine Belüftungslöcher in der Tür da.«

»Das ist mein Eisschrank, und ich will, daß ein paar Löcher in die Tür gebohrt werden«, sagte Mr. Popper.

Sie stritten sich ziemlich lange darüber. Mr. Popper wußte sehr wohl: Um den Mann vom Kundendienst zu überzeugen, das zu tun, was er von ihm verlangte, mußte er ihm bloß erklären, daß er einen lebendigen Pinguin in dem Eisschrank halten würde und wollte, daß sein Haustier genug frische Luft bekam, selbst wenn die Tür die ganze Nacht lang geschlossen wäre. Er weigerte sich jedoch recht eigensinnig, eine Erklärung zu geben. Er wollte nicht über Käpten Cook mit diesem unsympathischen Kundendienstmenschen reden, der schon jetzt Mr. Popper so anstarrte, als glaubte er, Mr. Popper sei nicht ganz richtig im Kopf.

»Also los, tun Sie, was ich gesagt habe«, sagte Mr. Popper. »Ich zahle Sie dafür.«

»Womit?« fragte der Mann vom Kundendienst.

Mr. Popper gab ihm einen Fünfdollarschein. Der Gedanke daran, wie viele Bohnen für Mrs. Popper und die Kinder er dafür bekommen hätte, betrübte ihn ein bißchen.

Der Mann vom Kundendienst prüfte den Schein sorgfältig, da er Mr. Popper nicht besonders traute.

Aber schließlich steckte er ihn ein, nahm einen Bohrer aus seiner Werkzeugtasche und bohrte fünf kleine Löcher, ordentlich über die Kühlschranktür verteilt.

»Moment«, sagte Mr. Popper, »stehen Sie nicht gleich auf. Warten Sie einen Augenblick. Da gibt es noch eine Sache.«

»Was denn nun noch?« sagte der Mann vom Kundendienst. »Jetzt wollen Sie vermutlich, daß ich die Tür aus den Angeln hebe, um noch ein bißchen mehr Luft hereinzulassen. Oder wollen Sie, daß ich aus Ihrem Eisschrank ein Radio mache?«

»Machen Sie sich nicht lustig«, sagte Mr. Popper entrüstet. »So können Sie mit mir nicht reden. Ob Sie es glauben oder nicht, ich weiß genau, was ich tue. Ich meine, was ich Sie tun lasse. Ich will, daß Sie einen Extragriff innen an der Tür anbringen, so daß man den Eisschrank von innen öffnen kann.«

»Das«, sagte der Mann vom Kundendienst, »ist eine prima Idee. Sie wollen einen extra Türgriff innen. Aber sicher doch.« Er nahm seine Werkzeugtasche auf.

»Wollen Sie das denn nicht für mich machen?« fragte Mr. Popper.

»Aber sicher doch, sicher«, sagte der Mann vom Kundendienst und bewegte sich vorsichtig Richtung Hintertür.

Mr. Popper merkte, daß der Mann vom Kundendienst trotz all seiner Beteuerungen nicht die Absicht hatte, einen Innengriff anzubringen.

»Ich dachte, Sie wären ein Handwerker vom Kundendienst«, sagte er.

»Bin ich auch. Das ist das erste vernünftige Wort, das Sie bis jetzt gesagt haben.«

»Sie sind mir aber ein feiner Handwerker, wenn Sie nicht einmal wissen, wie man einen Extragriff innen an einer Kühlschranktür anbringt.«

»So, das weiß ich also nicht, wie? Denken Sie ja nicht, daß ich nicht wüßte, wie man das macht. Was das angeht, so habe ich sogar einen Ersatzgriff in meiner Werkzeugtasche und jede Menge Schrauben. Sie müssen nicht denken, ich wüßte nicht, wie man das macht, wenn ich es wollte.«

Schweigend griff Mr. Popper in seine Hosentasche und gab dem Mann vom Kundendienst seinen letzten Fünfdollarschein. Er war sich ziemlich sicher, daß Mrs. Popper böse auf ihn sein würde, das ganze Geld ausgegeben zu haben, aber daran war nichts zu ändern.

»Mein Herr«, sagte der Mann vom Kundendienst, »Sie haben gewonnen. Ich bringe Ihren Extragriff an. Und währenddessen setzen Sie sich auf den Stuhl dort mir gegenüber, wo ich Sie im Auge behalten kann.«

»Na schön«, sagte Mr. Popper und setzte sich.

Der Mann vom Kundendienst kniete noch auf dem Boden und drehte gerade die letzten Schrauben hinein, die den neuen Griff befestigten, als der Pinguin auf seinen leisen rosafarbenen Füßen in die Küche hineinkam.

Überrascht, einen fremden Mann auf dem Boden sitzen zu sehen, spazierte Käpten Cook still und leise zu ihm hinüber und begann, neugierig an ihm zu picken. Aber der Mann vom Kundendienst war noch viel mehr überrascht als Käpten Cook. »*Ork!*«, machte der Pinguin.

Oder vielleicht machte es der Mann vom Kundendienst. Mr. Popper war sich nicht sicher, was genau passiert war, als er einen Augenblick später aufstand und seinen Stuhl schützend vor sich hielt. Werkzeuge waren durch die Luft geflogen, eine Tür war heftig zugeschlagen worden, und der Mann vom Kundendienst war verschwunden.

Dieser plötzliche Lärm ließ natürlich die Kinder angelaufen kommen. Mr. Popper zeigte ihnen, wie der Kühlschrank jetzt für den Pinguin vollständig umgebaut war. Er zeigte es auch Käpten Cook, indem er ihn hineinsperrte.

Der Pinguin bemerkte sofort den schimmernden neuen Griff innen und biß an ihm mit seiner üblichen Neugier. Die Tür öffnete sich, und Käpten Cook sprang heraus.

Prompt steckte Mr. Popper Käpten Cook wieder hinein und schloß wieder die Tür, um sicherzugehen, daß der Pinguin seine Lektion lernte. Schon nach kurzer Zeit zeigte Käpten Cook sich ziemlich geübt darin, herauszukommen, und war jetzt so weit, daß man ihm beibringen konnte, wie man hineinkam, wenn die Tür geschlossen war.

Als dann der Polizist an der Haustür erschien, marschierte Käpten Cook schon so mühelos in den Kühlschrank hinein und kam wieder heraus, als hätte er sein ganzes Leben lang in einem gewohnt.

Noch mehr Ärger

Die Kinder waren die Ersten, die den Polizisten bemerkten.

»Schau mal, Papa«, sagte Bill. »Da ist ein Polizist an der Hintertür. Will der dich gleich verhaften?«

»*Gook*«, sagte Käpten Cook, als er würdevoll zur Tür spazierte und versuchte, seinen Schnabel durch das Fliegengitter zu bohren.

»Ist das hier die Proudfoot Avenue Nummer 432?«

»Ganz richtig«, antwortete Mr. Popper.

»Na ja, ich denke schon, daß dies das richtige Haus ist«, sagte der Polizist und zeigte auf Käpten Cook. »Gehört das da Ihnen?«

»Ja«, sagte Mr. Popper stolz.

»Und womit verdienen Sie Ihren Lebensunterhalt?« fragte der Polizist streng.

»Papa ist ein Künstler«, sagte Janie.

»Er kriegt immer Farbe und Kalkmilch überall auf die Kleidung«, sagte Bill.

»Ich bin Maler und Tapezierer«, sagte Mr. Popper. »Wollen Sie nicht hereinkommen?«

»Nein«, sagte der Polizist, »es sei denn, ich wäre dazu gezwungen.«

»Ha, ha!« machte Bill. »Der Polizist hat Angst vor Käpten Cook.«

»*Goor!*« machte der Pinguin und riß seinen roten Schnabel weit auf, als wollte er den Polizisten auslachen.

»Kann das da sprechen?« fragte der Polizist. »Was ist das – ein Riesenpapagei?«

»Das ist ein Pinguin«, sagte Janie. »Wir halten ihn als Haustier.«

»Also, wenn es nur ein Vogel ist …«, sagte der Polizist, während er seine Mütze hochschob, um sich einigermaßen verblüfft am Kopf zu kratzen. »So wie der Kerl da mit der Werkzeugtasche mich draußen angebrüllt hat, dachte ich, hier drin würde ein Löwe frei herumlaufen.«

»Mama sagt, daß Papas Haar manchmal wie eine Löwenmähne aussieht«, sagte Bill.

»Halt den Mund, Bill«, sagte Janie. »Den Polizist interessiert es nicht, wie Papas Haar aussieht.«

Der Polizist kratzte sich jetzt am Kinn. »Wenn es sich nur um einen Vogel handelt, geht es vermutlich in Ordnung, wenn Sie ihn in einem Käfig halten.«

»Wir halten ihn in einem Eisschrank«, sagte Bill.

»Von mir aus können Sie ihn in einen Eisschrank stecken«, sagte der Polizist. »Was für eine Art Vogel, haben Sie gesagt, ist das?«

»Ein Pinguin«, antwortete Mr. Popper. »Und übrigens, es könnte sein, daß ich ihn auf Spaziergänge mitnehmen möchte. Wäre das wohl in Ordnung, wenn ich ihn an einer Leine hielte?«

»Na ja, wissen Sie«, sagte der Polizist, »um ehrlich zu sein, ich weiß nicht, wie die städtische Verordnung über Pinguine auf öffentlichen Straßen lautet, ob nun mit oder ohne Leine. Ich werd mal meinen Vorgesetzten fragen.«

»Vielleicht sollte ich mir eine Genehmigung für ihn holen«, schlug Mr. Popper vor.

»Also, groß genug ist er bestimmt, um eine Genehmigung zu brauchen«, sagte der Polizist. »Ich sag Ihnen, was Sie tun können. Sie rufen einfach das Rathaus an und fragen dort nach, wie die Regelung für Pinguine lautet. Und viel Glück, Popper. Dabei ist er ja eigentlich 'n ziemlich niedlicher kleiner Bursche. Sieht fast menschlich aus. Wünsch Ihnen noch 'nen angenehmen Tag, Popper, und Ihnen auch, Mr. Pinguin.«

Als Mr. Popper das Rathaus anrief, um sich nach einer Genehmigung für Käpten Cook zu erkundigen, mühte sich der Pinguin nach Kräften, die Leitung zu unterbrechen, indem er in die grüne Telefonschnur biß. Vielleicht dachte er, daß sie irgendeine neue Art Aal wäre. Aber gerade in dem Augenblick kam Mrs. Popper vom Einkauf zurück und öffnete eine Büchse Krabben, so daß Mr. Popper bald in Ruhe telefonieren konnte.

Aber trotzdem merkte er, daß es nicht so einfach war zu erfahren, ob er eine Genehmigung für sein seltsames Haustier einholen mußte oder nicht. Jedes Mal, wenn er erklärte, was er wollte, sagte man, er solle einen Augenblick warten, und viele Augenblicke später fragte ihn dann eine neue Stimme, was er wolle. Dies ging so eine beträchtliche Weile lang. Schließlich schien eine neue Stimme sich ein wenig für den Fall zu interessieren. Erfreut über diese freundliche Stimme, begann Mr. Popper wieder, von Käpten Cook zu erzählen.

»Ist er Käpten in der Marine, Flugkapitän oder Mannschaftsführer in einem Sportverein?«

»Nein, das nicht«, sagte Mr. Popper. »Er ist ein Pinguin.«

»Würden Sie das bitte wiederholen?« sagte die Stimme.

Mr. Popper wiederholte es. Die Stimme schlug vor, daß er das Wort vielleicht lieber buchstabieren sollte.

»P-i-n-g-u-i-n«, sagte Mr. Popper. »Pinguin.«

»Oh!« sagte die Stimme. »Sie meinen, Käpten Cooks Vorname ist Benjamin?«

»Nicht Benjamin. Pinguin. Das ist ein Vogel«, sagte Mr. Popper.

»Wollen Sie damit sagen«, tönte es aus dem Hörer an seinem Ohr, »daß Käpten Cook eine Genehmigung wünscht, Vögel zu schießen? Es tut mir leid. Die Jagdsaison für Vögel beginnt erst im November. Und würden Sie bitte versuchen, etwas deutlicher zu sprechen, Mr. – Topper, oder wie sagten Sie, daß Sie heißen?«

»Mein Name ist Popper, nicht Topper«, brüllte Mr. Popper.

»Sehr wohl, Mr. Potter. Jetzt kann ich Sie ganz deutlich hören.«

»Dann hören Sie mir mal zu«, donnerte Mr. Popper nun völlig empört. »Wenn ihr da drüben im Rathaus nicht einmal wißt, was Pinguine sind, dann habt ihr vermutlich gar keine Verordnung, nach der sie genehmigt werden müssen. Ich werden auch ohne eine Genehmigung für Käpten Cook auskommen.«

»Einen Augenblick. Mr. Popwell. Unser Mr. Treadbottom hier vom Amt für Schiffahrt auf Seen, Flüssen, Teichen und Bächen ist gerade hereingekommen. Ich lasse Sie mal persönlich mit ihm reden. Vielleicht, daß er Ihren Benjamin Cook kennt.«

Einen Moment später sprach eine neue Stimme zu Mr. Popper. »Guten Morgen. Hier ist die Kraftfahrzeug-Zulassungsstelle. Haben Sie dasselbe Auto im vergangenen Jahr gehabt, und wenn ja, wie lautet das Kennzeichen?«

Man hatte Mr. Popper mit dem Landkreisamt verbunden. Er entschloß sich aufzulegen.

Käpten Cook baut ein Nest

Janie und Bill mußten sich von Käpten Cook trennen und zur Schule gehen, was sie nur sehr ungern taten. Mrs. Popper war reichlich verspätet in der Küche damit beschäftigt, das Frühstücksgeschirr abzuwaschen. Und obwohl sie halbwegs mitbekam, daß der Pinguin ziemlich häufig in den Kühlschrank hineinging und wieder herauskam, dachte sie sich zuerst nichts dabei. Inzwischen hatte Mr. Popper seine Telefongespräche aufgegeben und war nun eifrig dabei, sich zu rasieren und ordentlich herzurichten – der Tatsache zu Ehren, daß er der Besitzer eines so großartigen Vogels wie Käpten Cook war.

Doch obgleich der Pinguin auf diese Weise für den Augenblick nicht beachtet wurde, war er keineswegs müßig.

Da es so ungewöhnliche Aufregung gegeben hatte und Mrs. Popper früher als sonst zum Einkaufen hatte gehen müssen, war sie noch nicht dazu gekommen, das Haus in Ordnung zu bringen. Sie war eine ausgezeichnete Hausfrau. Und doch war bei zwei Kindern wie Janie und Bill und einem so unordentlichen Ehemann einfach nicht zu leugnen, daß sie ziemlich häufig im Haus aufräumen mußte.

Jetzt kümmerte Käpten Cook sich ums Aufräumen.

In die Ecken jedes Zimmers schlich er sich und stöberte und stocherte dort eifrig und gründlich herum; in jeden Winkel starrte er mit seinen weiß umränderten Augen; unter und hinter alle Möbel zwängte er seine pummelige Gestalt mit leisen, unterdrückten Ausrufen der Neugier, der Überraschung und der Freude.

Und jedes Mal, wenn er etwas fand, was er anscheinend suchte, hob er es mit der schwarzen Spitze seines roten Schnabels auf und trug es, stolz auf seinen breiten rosafarbenen Füßen dahinwatschelnd, in die Küche und in den Eisschrank hinein.

Schließlich kam es Mrs. Popper in den Sinn, sich zu fragen, was um alles auf der Welt der emsige Vogel denn vorhatte. Als sie nachschaute, konnte sie nur noch aufschreien und nach Mr. Popper rufen, damit er schnell herkomme und sich ansehe, was Käpten Cook nun schon wieder angestellt hatte.

Mr. Popper, der selbst ziemlich sonderbar aussah, wie Mrs. Popper später bemerkte, eilte herbei und starrte ebenfalls völlig verblüfft in den Kühlschrank.

Käpten Cook kam auch angewatschelt und schaute mit ihnen zusammen hinein. »Ork, ork«, machte er triumphierend.

Mrs. Popper lachte, und Mr. Popper verschlug es den Atem, als sie sahen, welche Ergebnisse Käpten Cooks Streifzüge durch das Haus erbracht hatten.

Zwei Rollen Garn, ein weißer Läufer vom Schachspiel und sechs Teilchen eines Puzzles ... Ein Teelöffel und eine geschlossene Schachtel Sicherheitszündhölzer ...

Ein Rettich, zwei Eincentmünzen, ein Fünfcentstück und ein Golfball. Zwei Bleistiftstummel, eine geknickte Spielkarte und ein kleiner Aschenbecher.

Fünf Haarnadeln, eine Olive, zwei Dominosteine und eine Socke ... Eine Nagelfeile, vier Knöpfe in verschiedener Größe, ein Metallteilchen vom Telefon, sieben Murmeln und ein winziger Puppenstuhl ...

Fünf Damesteine, ein Stück Vollkornkeks, ein Pappbecher und ein Radiergummi ... Ein Türschlüssel, ein Stiefelknöpfer und ein zerknittertes Stückchen Aluminiumpapier ... Die Hälfte einer sehr alten Zitrone, der Kopf von einer Porzellanpuppe, Mr. Poppers Pfeife und der Verschluß einer Ginger-ale-Flasche ... Ein Tintenfaßkorken, zwei Schrauben und eine Gürtelschnalle ...

Sechs Perlen von einer Kinderhalskette, fünf Bausteine, ein Stopfei, ein Knochen, eine kleine Mundharmonika und ein angeknabberter Lutscher. Zwei Zahnpastaverschlüsse und ein kleines rotes Notizheft.

»Das soll wohl so etwas sein, was man Brutstätte nennt«, sagte Mr. Popper. »Nur daß er keine Steine finden konnte, um damit sein Nest zu bauen.«

»Nun ja«, sagte Mrs. Popper, »die Pinguine da unten am Südpol mögen sich ja ziemlich unzivilisiert verhalten, aber ich muß schon sagen, dieser hier wird eine ganz schöne Hilfe im Haus sein.«

»*Ork!*«, machte Käpten Cook, stolzierte ins Wohnzimmer und riß die beste Stehlampe um.

»Ich glaube, Papa«, sagte Mrs. Popper, »du bringst Käpten Cook wohl lieber nach draußen und verschaffst ihm ein bißchen Bewegung. Aber, du meine Güte, du hast dich ja ganz fein gemacht. Also, du siehst selbst beinahe wie ein Pinguin aus.«

Mr. Popper hatte sich das Haar geglättet und den Schnurrbart gestutzt. Niemals wieder würde Mrs. Popper ihn tadeln müssen, daß er so wild aussehe wie ein Löwe. Er hatte sich ein weißes Hemd mit einem weißen Binder angezogen und weiße Flanellhosen und ein Paar glänzende braune Rindlederschuhe. Aus der Zederntruhe hatte er seinen alten Abendfrack hervorgeholt, den er zur Hochzeit getragen hatte, und ihn sorgfältig abgebürstet und ebenfalls angezogen.

Er sah tatsächlich ein bißchen wie ein Pinguin aus. Jetzt drehte er sich und stolzierte zu Mrs. Poppers Vergnügen wie ein Pinguin umher.

Aber er vergaß nicht seine Pflicht gegenüber Käpten Cook.

»Kann ich bitte ein paar Meter Wäscheleine haben, Mama?«fragte Mr. Popper.

Pinguinspaziergang

Mr. Popper stellte bald fest, daß es gar nicht so einfach war, einen Pinguin spazieren zu führen.

Zuerst gefiel Käpten Cook die Idee überhaupt nicht, sich eine Leine umlegen zu lassen. Mr. Popper jedoch war fest entschlossen. Er band das eine Ende der Wäscheleine dem Pinguin um den dicken Hals und wickelte sich das andere ums Handgelenk.

»*Ork!*«, sagte Käpten Cook entrüstet. Trotzdem war er ein sehr vernünftiger Vogel, und als er sah, daß alles Protestieren ihm nichts nutzte, gewann er seine gewohnte Würde zurück und beschloß, sich von Mr. Popper an der Leine führen zu lassen.

Mr. Popper setzte seine beste Sonntagsmelone auf und öffnete die Haustür, während Käpten Cook gutmütig neben ihm herwatschelte.

»*Goor!*« sagte der Pinguin, als er am Rand der Veranda stehenblieb, um auf die Stufen hinunterzusehen.

Mr. Popper gab mit der Wäscheleine nach und ließ ihm viel Spielraum.

»*Gook!*« sagte Käpten Cook, beugte sich mit erhobenen Flossen mutig vornüber und schlitterte auf dem Bauch die Stufen hinunter.

Mr. Popper folgte ihm, wenn auch nicht auf dieselbe Weise. Käpten Cook kam schnell wieder auf die Beine und stolzierte vor Mr. Popper her auf die Straße, wobei er den Kopf viele Male rasch hin und her drehte und zufriedene Kommentare über die neue Umgebung von sich gab.

Die Proudfoot Avenue entlang kam eine Nachbarin der Poppers, Mrs. Callahan, mit vollen Einkaufstüten in den Armen. Vor Erstaunen riß sie die Augen weit auf, als sie Käpten Cook erblickte und Mr. Popper, der in seinem schwarzen Frack selbst wie ein größerer Pinguin aussah.

»Der Himmel sei uns gnädig!« rief sie aus, als der Vogel anfing, die gestreiften Strümpfe unter ihrem Schürzenkleid zu untersuchen. »Das ist keine Eule und das ist keine Gans.«

»In der Tat«, sagte Mr. Popper und tippte an seine Sonntagsmelone. »Das ist ein antarktischer Pinguin, Mrs. Callahan.«

»Mach dich weg von mir«, sage Mrs. Callahan zu Käpten Cook. »Ein Ameisenbär, sagen Sie?«

»Nein, kein Ameisenbär«, erklärte Mr. Popper. »Aus der Antarktis. Man hat ihn mir vom Südpol hergeschickt.«

»Nehmen Sie auf der Stelle Ihre Südpolgans von mir weg«, sagte Mrs. Callahan.

Gehorsam zog Mr. Popper an der Wäscheleine, während Käpten Cook zum Abschied noch einmal an Mrs. Callahans gestreiften Strümpfen pickte.

»Der Himmel bewahre uns!« sagte Mrs. Callahan. »Ich muß sofort mal kurz zu Ihnen rein und Mrs. Popper besuchen. Das hätte ich ja nie gedacht. Ich geh jetzt gleich.«

»Ich auch«, sagte Mr. Popper, da Käpten Cook ihn wegzog, weiter die Straße entlang.

Ihren nächsten Halt machten sie an der Apotheke an der Ecke Proudfoot Avenue und Main Street. Hier beharrte Käpten Cook darauf, sich die Schaufensterauslage anzusehen, die aus mehreren offenen Packungen mit glitzernd weißen Borkristallen bestand. Diese hielt er offensichtlich für Polarschnee, denn er begann, heftig gegen die Schaufensterscheibe zu picken.

Plötzlich hielt ein Auto mit kreischenden Bremsen an der nahen Bordsteinkante, und zwei junge Männer sprangen heraus, von denen einer eine Kamera trug.

»Das muß das Tier sein«, sagte der erste junge Mann zum anderen.

»Klar, das sind sie«, sagte der zweite junge Mann.

Der Mann mit der Kamera stellte sein Stativ auf den Bürgersteig. Mittlerweile hatte sich eine kleine Menschenmenge um sie herum angesammelt, und zwei Männer in weißen Kitteln waren sogar aus der Apotheke herausgekommen, um sich alles anzusehen. Käpten Cook war jedoch immer noch zu sehr an der Schaufensterauslage interessiert, als sich die Mühe zu machen, sich umzudrehen.

»Sie sind Mr. Popper aus der Proudfoot Avenue 432, nicht wahr?«, fragte der zweite junge Mann und zog ein Notizbuch aus der Tasche.

»Ja«, sagte Mr. Popper, der jetzt begriff, daß gerade ein Bild von ihm für die Zeitung aufgenommen werden sollte. Tatsächlich hatten die beiden jungen Männer durch den Polizisten von dem seltsamen Vogel erfahren und waren auf dem Weg zum Haus der Poppers, als sie Käpten Cook erblickten.

»He, Pelikan, dreh dich mal um und schau mal das hübsche Vögelchen im Apparat«, sagte der Fotograf.

»Das ist kein Pelikan«, sagte der andere, der ein Reporter war. »Pelikane haben einen Beutel unter ihrem Schnabel.«

»Ich würde glatt meinen, daß es ein Dodo ist, nur daß Dodos ausgestorben sind. Das wird ein piekfeines Bild werden, wenn ich ihn je dazu kriegen kann, sich umzudrehen.«

»Das ist ein Pinguin«, sagte Mr. Popper stolz. »Sein Name ist Käpten Cook.«

»*Gook!*« sagte der Pinguin und drehte sich um, da sie jetzt über ihn redeten. Er erblickte das Kamerastativ, kam herbei und beäugte es näher.

»Denkt wahrscheinlich, das sei ein dreibeiniger Storch«, sagte der Fotograf.

»Ihr Vogel da –« sagte der Reporter, »ist das ein Männchen oder ein Weibchen? Das wird die Öffentlichkeit wissen wollen.«

Mr. Popper zögerte. »Na ja, ich nenne ihn Käpten Cook.«

»Dann ist es also ein Männchen«, sagte der Reporter und schrieb es schnell in sein Notizbuch.

Immer noch neugierig wanderte Käpten Cook allmählich weiter und weiter um das Stativ herum, bis sich der Pinguin, Mr. Popper und das Stativ in der Wäscheleine ganz verheddert hatten. Auf den Rat eines der dabeistehenden Zuschauer wurde das Durcheinander schließlich entwirrt, indem Mr. Popper dreimal in der Gegenrichtung um das Stativ herumspazierte. Schließlich stand Käpten Cook neben Mr. Popper still und willigte ein, für eine Aufnahme zu posieren.

Mr. Popper richtete sich den Binder zurecht, und der Kameramann schoß das Bild. Käpten Cook machte dabei die Augen zu, und entsprechend erschien sein Bild später so in allen Zeitungen.

»Eine letzte Frage« sagte der Reporter. »Wo haben Sie Ihr merkwürdiges Haustier her?«

»Von Admiral Drake, dem Südpolforscher. Er hat ihn mir als Geschenk geschickt.«

»Was Sie nicht sagen!« sagte der Reporter. »Na ja, jedenfalls ist es eine gute Geschichte.«

Die beiden jungen Männer sprangen in ihr Auto. Mr. Popper und Käpten Cook setzten ihren Spaziergang fort, und eine ziemlich große Menschenmenge folgte ihnen und stellte allerlei Fragen. Die Menge wurde so dicht, daß Mr. Popper, um ihr zu entkommen, Käpten Cook in einen Friseurladen hineinführte.

Der Mann, dem das Geschäft gehörte, war bis zu diesem Augenblick ein sehr guter Freund von Mr. Popper.

Im Friseurladen

Im Friseurladen war es sehr ruhig. Der Friseur rasierte gerade einen älteren Herrn.

Käpten Cook fand dieses Schauspiel sehr interessant, und um es sich besser ansehen zu können, sprang er auf die Spiegelablage.

»Das darf ja wohl nicht wahr sein!« sagte der Friseur.

Der Herr im Frisierstuhl, das Gesicht schon voller weißem Rasierschaum, hob seinen Kopf halb hoch, um zu sehen, was passiert war.

»*Gook!*« sagte der Pinguin, schlug mit den Flossen und streckte seinen langen Schnabel nach dem Rasierschaum auf dem Gesicht des Herrn aus.

Mit einem Aufschrei schnellte der Herr aus seiner halb liegenden Position hoch, sprang aus dem Frisierstuhl und floh, ohne sich auch nur wegen Mantel und Hut aufzuhalten, auf die Straße hinaus.

»*Goor!*« sagte der Käpten.

»He«, sagte der Friseur zu Mr. Popper. »Entfernen Sie das Biest da aus meinem Geschäft. Das ist kein Zoo hier. Was soll das?«

»Haben Sie etwas dagegen, wenn ich ihn durch die Hintertür hinausschaffe?«

»Mir egal, welche Tür«, sagte der Friseur, »solange es nur schnell passiert. Jetzt beißt es schon die Zinken von meinen Kämmen ab.«

Mr. Popper nahm Käpten Cook auf den Arm und lief unter lautem »*Quork?*«-, »*Gork!*«- und »*Ork!*«-Gezeter des Pinguins aus dem Geschäft und aus dem Hinterzimmer und durch eine Tür in eine Gasse hinaus.

Da entdeckte Käpten Cook die erste Hinterhaustreppe in seinem Leben.

Mr. Popper wiederum entdeckte, daß, wenn ein Pinguin erst einmal eine Treppe gefunden hat, die irgendwo hinaufführt, es vollkommen unmöglich ist, ihn davon abzuhalten, die Treppe hochzuklettern.

»Na schön«, sagte Mr. Popper, als er hinter Käpten Cook

die Stufen hinaufkeuchte. »Da du ein Vogel bist und dazu noch einer, der nicht fliegen kann, mußt du wohl irgendwie in die Luft steigen, und also kletterst du gern Treppen hoch. Gut, daß dieses Gebäude nur drei Stockwerke hat. Also weiter. Sehn wir mal, was du fertig bringst.«

Langsam, aber unermüdlich hob Käpten Cook einen rosafarbenen Fuß nach dem anderen von einer Stufe zur nächsten, und Mr. Popper folgte ihm am anderen Ende der Wäscheleine.

Schließlich kamen sie zum obersten Treppenabsatz.

»Und was jetzt?« wollte Mr. Popper von Käpten Cook wissen.

Da er merkte, daß es keine Stufen mehr hochzuklettern gab, drehte Käpten Cook sich um und musterte die Stufen, die jetzt hinunterführten.

Dann hob er seine Flossen und beugte sich vor.

Mr. Popper, der immer noch keuchend nach Luft schnappte, hatte nicht vermutet, daß sich der zielstrebige Vogel so schnell hinunterstürzen würde. Er hätte sich daran erinnern sollen, daß Pinguine hinunterschlittern, wann immer sie eine Gelegenheit dazu bekommen.

Vielleicht war es unklug von ihm gewesen, vorhin das eine Ende der Wäscheleine an seinem eigenen Handgelenk festzubinden.

Diesmal jedenfalls, ehe er sich's versah, rutschte Mr. Popper plötzlich selbst auf seinem eigenen, weiß bekleideten Bauch drei Treppen hintereinander hinunter. Sehr zum Entzücken des Pinguins, der vergnügt gerade vor Mr. Popper hinunterschlitterte.

Als sie unten ankamen, war Käpten Cook so eifrig darauf aus, wieder hochzuklettern, daß Mr. Popper ein Taxi rufen mußte, um ihn davon abzulenken.

»Proudfoot Avenue 432,«, sagte Mr. Popper zu dem Fahrer knapp.

Der Fahrer, der ein freundlicher und höflicher Mann war, lachte über seine so komisch zusammenpassenden Fahrgäste erst, nachdem er sein Geld erhalten hatte.

»Du liebe Güte!« rief Mrs. Popper erstaunt, als sie ihrem Mann die Tür aufmachte. »Du hast so ordentlich und adrett ausgesehen, als du losgingst. Und jetzt schau dich einmal von vorne an!«

»Es tut mir leid, meine Liebe«, sagte Mr. Popper in demütigem Ton, »aber man kann nicht immer voraussehen, was ein Pinguin als nächstes tut.«

Und damit ging er sich hinlegen, denn er war ziemlich erschöpft von all den ungewöhnlichen Übungen, während Käpten Cook abgeduscht wurde und dann im Eisschrank ein Nickerchen hielt.

CHRISTIAN BERG

Tamino Pinguin

Tamino Pinguin lebte, wie es sich für einen anständigen Pinguin gehört, mit seiner Familie am Südpol, ging in die dritte Pinguinklasse und war auch sonst ganz schön klasse!

Seine Lehrerin Frau Robbe meinte, daß er der bestangezogene Schüler der Südpolischen Gesamtschule sei, weil er jeden Tag einen frischen Frack trug.

In der Schule war er auch sehr gut. Schon in der ersten Klasse konnte Tamino einen Hering von einer Makrele nur am Geschmack unterscheiden. Er konnte unter Eisschollen durchtauchen und sogar schneller schwimmen als Frau Robbe. Sogar noch schneller als Atze, sein bester Pinguinkumpel, mit dem er seit der ersten Klasse in einer Bank saß und mit dem er in der Pingballmannschaft spielte.

In der zweiten Klasse konnte er schon rückwärts das Einmalsieben aufsagen und dabei fünfzig Meter Brustkraulen – vorwärts!

In der dritten konnte er tauchen, ohne die Augen zu schließen, und war der Schnellste, wenn es darum ging, vor einem gefährlichen See-Elefanten wegzuwatscheln, -zutauchen oder -zuschwimmen.

See-Elefanten waren die natürlichen Feinde aller Pinguine, weil Pinguine ganz oben auf dem Speiseplan dieser großen und gefräßigen südpolischen Mitbewohner standen.

Und dann gab es noch Großfüßler! Jene Wesen, die in Schalen schwimmend über das Eismeer kamen und die Pinguine wegfingen. Viel mehr wußte man über die Großfüßler nicht. Niemals war ein entführter Pinguin zurückgekehrt, so daß er den anderen über sie hätte berichten können.

Eines Tages hörte Tamino im Unterricht die traurige Geschichte von Pingzessin Nanuma, der Tochter des großen Kaiserpinguins:

Nanuma war vor einigen Jahren von Großfüßlern entführt worden. Und auch sie war nie wieder in die südpolische Heimat zurückgekommen. Ihr Vater, der große Kaiserpinguin, war darüber so traurig, daß er seither kein Wort mehr gesprochen hatte. Den ganzen Tag aß er nur kiloweise Krill und sein Volk regierte er nicht mehr. Deshalb ging es bei den Kaiserpinguinen zu wie auf einem Schiff, wo der Kapitän seit Jahren seekrank in seiner Kajüte liegt und niemand das Ruder übernimmt. Alle waren zerstritten. Keiner kümmerte sich mehr um den anderen und es herrschte ein heilloses Durcheinander. Die Lage war hoffnungslos. Alle wußten ja, daß sich nur dann etwas ändern konnte, wenn ihre Pingzessin heimkehrte oder sonst ein Wunder geschah. Und weil die Kaiserpinguine so traurig über ihren traurigen König waren, versammelten sie sich jeden Montag nach dem Abendbrot auf dem Kaiserpinguinsberg zum großen Heulen. Das Heulen war so herzzerreißend, daß man es nie mehr vergessen konnte, wenn man es einmal gehört hatte.

Auch Tamino, Atze und die anderen Südpolkinder hatten es schon sehr oft gehört. Nur dachten sie immer, daß es sich bei diesem Heulen um einen fürchterlichen Sturm handelte. Deshalb hieß es bei den Pinguinkindern auch der große Montagssturm.

Als die Schule aus war, dachte Tamino auf dem Heimweg lange über Nanuma, den König und das Volk der Kaiserpinguine nach. Er wollte helfen. Aber was konnte ein kleiner Pinguin schon ausrichten, wenn nicht einmal die Großen etwas erreichten? Da wurde Tamino traurig. Denn er stellte sich vor, wie er sich fühlen würde, wenn er einfach eingefangen würde und nicht mehr bei seinen Eltern sein könnte.

Nun wußte er nicht weiter. Tamino ließ den Schnabel hän

gen. Plötzlich überfiel ihn eine ungeheure Trauer. Er setzte sich auf einen Eishügel am Eismeer und weinte so dicke Pinguintränen, daß er damit den Schnee unter seinen Füßen zum Schmelzen brachte.

Der geschmolzene Schnee floß geradewegs ins Eismeer und muß wohl den Ozean ein bißchen versalzen haben. Denn plötzlich erhob sich ein riesiger Buckelwal aus den Fluten und schimpfte: »Mußt du mir mein Bad so versalzen, kleiner Pinguin?«

Tamino erschrak so sehr, daß er auf der Stelle zu weinen aufhörte und den Wal mit großen Augen anstarrte.

»Schau mich nicht so an, Pinguinchen«, schnaubte der Wal. »Sag mir lieber, warum du hier sitzt und das Meer noch salziger machst, als es ohnehin schon ist!«

Tamino räusperte sich. Um seine tränenerstickte Stimme wieder zum Sprechen zu bringen, flüsterte er schließlich: »Weil ich traurig bin!«

Der Wal lag jetzt ruhig auf dem Wasser und bewegte nur ab und an seine riesige Schwanzflosse, um nicht abgetrieben zu werden. »Kann ich dir vielleicht helfen, Kleiner?« fragte er, nachdem er eine ganze Weile nachgedacht hatte. »Denn wenn ich es nicht tue, dann heulst du weiter und ich schwimme bald in einer Bouillon herum!«

Langsam kehrte Taminos Stimme zurück und er antwortete: »Ich habe heute die Geschichte von Pingzessin Nanuma, der Tochter des Königs der Kaiserpinguine, gehört. Das hat mich sehr traurig gemacht, weil ihr bisher niemand helfen konnte. Noch trauriger wurde ich aber, als ich feststellte, daß auch ich ihr nicht helfen kann!«

»Und woher weißt du das so genau?« prustete der Wal und blies dabei eine große Wasserfontäne in die Luft.

»Weil ich nur ein kleiner Pinguin bin. Was sollte ich schon gegen die Großfüßler ausrichten! Und wie könnte ich den weiten Weg schaffen! Außerdem weiß ich doch gar nicht, wohin ich gehen muß«, antwortete Tamino und hatte nach diesen Worten große Mühe, nicht wieder zu weinen.

Jetzt prustete der Wal eine noch größere Fontäne heraus, so daß Tamino ganz schön im Regen stand. Dann fragte er in aller Walenruhe: »Wie heißt du, mein Junge?«

»Mein Name ist Tamino. Tamino Pinguin.«

»Und ich bin Ephraim der Buckelwal«, erwiderte der Wal. »Nun hör mir mal gut zu, denn ich erteile selten Ratschläge. Ich tauche nämlich viel lieber als ich spreche, und ich habe keine Lust, mich zu unterhalten: Klein bist du von Körpergröße, doch groß kann sein, was du vollbringst. Du hast keine Wahl mehr, ob du dich auf den Weg machen sollst oder nicht. Denn du bist schon unterwegs!«

»Schon unterwegs?« warf Tamino ein. »Wie meinen Sie das, Herr Ephraim?«

»Deine Tränen waren dein Aufbruch, kleiner Pinguin. Du bist also schon auf dem Weg. Und wenn du unterwegs die Liebe findest, hast du dein Ziel erreicht. Mit ihr wirst du auch Nanuma finden!«

»Die Liebe«, sagte Tamino. »Was ist das, die Liebe?«

»Das, mein Sohn, mußt du selbst herausfinden. Denn jeder liebt anders. Finde deine Liebe, dann findest du auch Nanuma.« Nach diesen Worten verschwand Ephraim ebenso plötzlich wieder in den Fluten, wie er aufgetaucht war.

Tamino blieb noch eine kleine Weile sitzen. Dann machte er sich auf den Nachhauseweg. Er nahm sich vor, seine Mama zu fragen, was denn nun die Liebe sei. Denn seine Mama fragte er immer, wenn er etwas nicht verstand. Und so sollte es auch diesmal sein!

Den ganzen Weg über sagte er sich das Wort immer wieder vor, damit er es nicht vergaß: »Liebelieliehebeliebe ...«

Am Abend, nach dem Abendessen, als Papa Pinguin vor dem Pingseher saß und Tamino der Mutter beim Aufräumen half, schien die Gelegenheit günstig. Gerade hatten sie den letzten Teller in den Gepingspüler geräumt, als Tamino sich traute und fragte: »Mama, was ist eigentlich Liebe?«

»Liebe, Tamino, Liebe ist das Schönste, was einem Pinguin widerfahren kann. Es kribbelt im Frack und im Bauch, und du möchtest, daß es nie wieder aufhört!«

»Und wann widerfährt es mir?« fragte Tamino, der von einem Moment auf den anderen ungeduldig geworden war.

»Irgendwann wirst du die Liebe finden«, antwortete seine Mutter. »Und nun geh schlafen. Ich habe dein Bett mit frischen Eisschollen bezogen.« Sie küßte seinen Pinguinschnabel mit ihrem Pinguinschnabel und brachte ihn zu Bett.

Tamino konnte die ganze Nacht kein Auge zutun. Zu sehr gingen ihm die Worte seiner Mutter im Kopf herum: »Irgendwann wirst du die Liebe finden!«

Ephraim hatte auch gesagt, daß er die Liebe finden solle. Also mußte doch alles miteinander zu tun haben – nur wie?

Tamino rollte sich auf seiner Eisschollen-Matratze hin und her, vor und zurück und wieder hin und her.

Plötzlich schoß es ihm wie ein Hagelschlag durch den Kopf: Wenn man die Liebe finden kann, dann kann man sie auch suchen! Das mußte der Weg sein, von dem Ephraim gesprochen hatte. »Du bist schon auf dem Weg«, hatte der Buckelwal gesagt.

Blitzeisschnell sprang Tamino aus dem Bett. Er wollte sie suchen, die Liebe. Das wußte er genau. Denn wenn etwas kribbelte, mußte es schon etwas ganz Besonderes sein. Und erst recht, wenn man dadurch als kleiner Pinguin etwas Großes vollbringen konnte.

Mit dem Schnabel ritzte er eine Nachricht für Mama und Papa Pinguin in den eisbedeckten Boden seines Kinderzimmers: »Ich geh die Liebe suchen und komme wieder, wenn ich sie gefunden habe. Denn dann kann ich Pingzessin Nanuma befreien.«

Er watschelte zur Tür hinaus und stand zum allerersten Mal in seinem Pinguinleben mitten in der Nacht draußen vor dem Haus seiner Eltern.

Das Eismeer lag still vor ihm. Und auch sonst war es sehr still. Der gute alte Mond warf sein Licht auf die südpolische Schneelandschaft, und so war alles wundervoll beleuchtet, denn der Schnee gab das Licht zurück.

Tamino kletterte auf einen Schneehügel, um von dort oben zu erkunden, in welcher Richtung die Liebe wohl am ehesten zu finden sei.

Rechts war dickes Packeis, so weit sein Pinguinauge reichte. Da konnte die Liebe nicht sein. Denn wo überall Packeis ist, geht tauchen schlecht, weil man zwischendurch nicht auftauchen und Luft holen kann.

Links hing der Himmel voller riesiger Schneewolken. Da konnte die Liebe bestimmt nicht sein, denn von Schnee hatte Mama Pinguin schließlich nichts gesagt.

Hinter Tamino lagen sein Elternhaus und die Südpolische Gesamtschule. Hier kannte Tamino sich aus. Da konnte die Liebe auch nicht sein. – Also geradeaus!

Plumps, sprang Tamino ins Eismeer und schwamm los.

Nachdem Tamino stundenlang getaucht und geschwommen war, wurde er sehr müde. Denn nachts war das Meer kälter. Wenn es so kalt war, war es wie eine breiige Masse, in der man sich nur schwer bewegen konnte.

Endlich kam Land in Sicht. Oder besser gesagt: ein großes Stück Packeis. Es schien trefflich dafür geeignet, sich ein wenig auszuruhen, bevor das Kribbeln im Frack losgehen sollte. Schließlich konnte die Liebe ja überall sein!

Über einen Eissteg, der aus dem Wasser nach oben führte, kletterte Tamino auf die Scholle.

Die ersten Morgensonnenstrahlen strahlten und machten das Packeis zu einer Sonnenterrasse mitten im Eismeer.

Tamino war pinguinenmüde. Wo er stand, legte er sich hin und schlief sofort ein.

Nachdem er ziemlich lange geschlafen hatte, wurde Tamino plötzlich wach, weil ihm bitterkalt war. Er reckte sich, streckte sich und öffnete langsam die Augen. Offensichtlich war die Sonne weitergezogen, und auch für ihn war es an der Zeit, es der Sonne gleichzutun.

Noch im Halbschlaf sah er einen großen Schatten über sich, den er zunächst für eine Wolke hielt. Das mußte der Grund für die plötzliche Kälte sein. Als aber die Wolke zu sprechen begann, war Tamino sofort hellwach. Ein eisiger Schauer lief durch seinen Körper. Es war ein Gefühl von Kälte, wie er es bisher noch nicht gekannt hatte. Es ließ ihm, der ja alles Kalte liebte, die Kälte zum ersten Mal richtig unangenehm erscheinen.

»Oh, Frühstück!« sagte die Stimme. »Und man muß es nicht einmal fangen!«

Die Wolke war nämlich nichts anderes als ein großer, schwerer See-Elefant, der sich da über Tamino aufgebaut hatte.

Der kleine Pinguin stand zaghaft auf, wackelte mit den Flügeln und fragte mit zitterndem Schnabel: »Guten Morgen, Meister See-Elefant! So früh schon unterwegs?«

»Erraten, Schwarzrock«, antwortete der See-Elefant. »Seit Stunden suche ich nach einem ordentlichen Frühstück und finde nichts. Da kommst du mir gerade recht!«

Tamino gab sich die größte Mühe, sein Zittern, das jetzt immer schlimmer wurde, zu verbergen und antwortete: »Aber ich habe nichts zum Essen dabei. Mein Name ist Tamino Pinguin und ich bin auf der Suche nach der Liebe!« Natürlich stellte er sich extra dumm, weil er genau wußte, was der große Jäger vorhatte.

»Wie passend«, antwortete der See-Elefant, dem schon das Wasser im Munde zusammenlief. »Mein Name ist Harald und ich bin auf der Suche nach einer Mahlzeit. Du hast die Liebe gefunden, denn ich liebe Pinguine!«

»Sie meinen, daß die Liebe, die ich suche, nichts anderes ist, als von Ihnen gefressen zu werden?«

»Wieder richtig geraten«, posaunte Harald. »Und jetzt mach dich langsam bereit, du kleiner Schwarzrock! Denn wenn du auch noch schmeckst, werde ich dich nur um so mehr lieben!«

Tamino rief sich die Worte seiner Mutter in Erinnerung: »Liebe ist das Schönste, was einem Pinguin widerfahren kann. Es kribbelt im Frack und im Bauch, und du möchtest, daß es nie wieder aufhört.« Er versuchte festzustellen, ob es in seinem Frack und Bauch irgendwo krabbelte. Aber außer dem unbändigen Zittern am ganzen Körper fühlte er beim besten Willen nichts. Außerdem glaubte er kaum, daß man als Pinguin nicht genug davon bekommen könnte, von so einem graubraunen, glitschigen Koloss gefressen zu werden. Da mußte es doch wirklich was noch Schöneres geben!

Tamino brauchte schnellstens einen Einfall. Denn Harald sah gar nicht so aus, als ob er mit dem Frühstück noch länger warten wollte.

Da hatte er eine Idee!

»Sagen Sie, Herr Harald«, piepste Tamino, »essen Sie eigentlich nur Pinguine?«

»Nein«, brummte der. »Am liebsten esse ich Makrelen, aber Pinguine liebe ich auch!«

»Und warum fangen Sie sich dann nicht ein paar und lassen die Zähne von mir kleinem, zähem Geschöpf?« fragte Tamino. Er hoffte, daß Harald auf seinen Plan hereinfallen würde.

»Weil es weit und breit keine Makrelen gibt«, sprach Harald. »Deshalb stelle ich mir einfach vor, daß du eine bist!«

Tamino verschränkte die Flügel auf dem Rücken und begann hin und her und auf und ab zu watscheln. Harald beobachtete ihn verdutzt und schwenkte seinen Kopf hin und her, als würde er bei einem Schneeballturnier zusehen.

Nach einer Weile blieb Tamino plötzlich stehen, schaute den immer noch verdutzten Harald an und sagte: »Ts, ts, ts!«

Harald schaute Tamino mit weit geöffnetem Maul und großen Augen an und stammelte: »Ts, ts, ts?«

»Ts, ts, ts«, antwortete Tamino und begann wieder auf und ab zu watscheln.

»Was soll das!« röhrte Harald, der damit seine Verwunderung überspielen wollte. »Ich will dich fressen und du sagst nur ts, ts, ts?«

Wieder blieb Tamino stehen und wippte dabei auf seinen Watschelfüßen wie Frau Robbe, die Lehrerin, wenn sie wollte, daß die Kinder ganz besonders gut zuhörten. Er gab sich sogar Mühe so zu sprechen: »Hat denn so ein großer See-Elefant wie Sie keine Freunde?«

»Warum fragst du das?« wollte Harald wissen, der jetzt gar nicht mehr röhrte, weil er noch verdutzter war als vorher.

»Weil ich mich so wundere! Hat Ihnen denn niemand gesagt, daß sich hier unten im Meer, direkt vor uns, ein riesiger Schwarm Makrelen verirrt hat?«

»Makrelen?« fragte Harald und grinste vor Freude über sein ganzes See-Elefantengesicht. »Ein ganzer Schwarm Makrelen?«

»So an die fünfhundertdreiundzwanzig dürften es schon sein. Sie brauchen nur hineinzuspringen und ungefähr sieben Meter tief zu tauchen!«

Harald verging das Grinsen. »Sieben Meter!« seufzte er. »Sieben Meter kann ich nicht tauchen. Ich bin zu schwer und viel zu dick. Ich würde nie wieder auftauchen.«

»Aber ein Pinguin!« entgegnete Tamino, der immer noch hoffte, daß Harald auf seinen Plan hereinfallen würde. »Und wenn Sie möchten, Herr Harald, dann tauche ich für Sie nach ein paar Makrelen.«

Jetzt war Harald nicht mehr zu halten. Er tänzelte abwechselnd auf seinen beiden Flossen und jauchzte vor Freude: »Spring, kleiner Schwarzrock, spring! Ich halte es nicht mehr aus! Ich weiß gar nicht, wie lange ich keine Makrelen mehr hatte.«

Das ließ sich Tamino nicht zweimal sagen. Platsch, sprang er ins Eismeer und tauchte davon.

Als Harald den Betrug bemerkte, brüllte er so laut, daß man es in Feuerland noch hören konnte. Doch davon ist Tamino auch nicht mehr zurückgekommen.

Da sieht man mal wieder, daß es keinen Sinn hat zu brüllen.

Tamino schwamm weiter. Er wollte ja die Liebe finden und Pingzessin Nanuma befreien.

Eine lange und wundersame Reise sollte Taminos Suche nach der Liebe werden. Eine Reise, die er nie mehr vergessen würde.

Nach seiner Begegnung mit Harald schwamm er geradewegs Richtung Amerika.

Obwohl man bei einer so langen und beschwerlichen Reise wohl kaum von geradewegs sprechen kann.

Taminos Glück war nur, daß er nach etwa dreiundzwanzigeinhalb Seemeilen eine kleine, im Meer treibende Eisscholle erblickte. Mit letzter Kraft zog er sich an seiner Rettungsinsel hoch. Er stellte sich aufrecht darauf und lenkte, indem er seinen Körper hin und her bewegte, die Scholle über die Wellen.

So hat Tamino ganz nebenbei das Pingsurfen erfunden. Klasse, nicht wahr?

Je weiter der kleine Frackträger über das Meer getragen wurde, um so kleiner wurde auch sein »Surfbrett«. Denn je weiter er sich vom Südpol entfernte, desto wärmer wurde es auch. Tamino bemerkte das zunächst aber gar nicht, denn er war viel zu sehr damit beschäftigt, das Gleichgewicht zu halten. Plötzlich war die Eisscholle vollends geschmolzen und unser Abenteurer landete, jede Menge Wasser schluckend, in einem Mischmasch aus Pazifischem und Atlantischem Ozean. Denn hier am Kap Hoorn, so heißt die Gegend, treffen sich die beiden mächtigen Ozeane und vereinigen sich für ein Weilchen, um dann wieder sie selbst zu sein.

Tamino schwamm das letzte Stück bis zum Land und wurde sogleich von einer freundlichen Möwe begrüßt.

»Tag, mein Junge!« rief ihm die Möwe zu. »Auch ein Kap Hoornier?«

»Ein Kaphornwas?« fragte Tamino, der glücklich war, wieder festen Boden unter den Füßen zu haben. Aber noch glücklicher war er, so freundlich begrüßt zu werden.

»Ein Kap Hoornier«, wiederholte die Möwe ein bißchen hochnäsig, weil sie sich freute, daß Tamino dieses Wort nicht verstand. »Das sind Leute, die dieses Kap Hoorn hier schon einmal umrundet haben und sich deswegen so nennen dürfen.«

»Nein«, erwiderte Tamino, »ich bin kein Kap Hoornier. Ich bin Tamino Pinguin und auf der Suche nach der Liebe.«

»Oh, *l'amour*!« tänzelte die Möwe. »Die wirst du hier nicht finden.«

»Ich suche auch nicht nach Lamuhr, sondern nach der Liebe«, berichtigte Tamino.

»Oh, *amore*«, sang da plötzlich eine andere Stimme in der Luft, welche ebenfalls einer Möwe gehörte. Singend ließ sie sich jetzt neben Tamino nieder und trällerte ohne Unterlaß: »Amore, amore, amore«.

»Nein, nein, nein, mein Herr«, unterbrach Tamino, der nun beinah ein bißchen böse wurde. »Ich suche auch nicht Amore. Ich suche nach der Liebe!«

»Frederico, sagst du es ihm?« fragte die erste Möwe. »Oder soll ich das übernehmen?«

»Mach du das, lieber Freund«, erwiderte die zweite und trällerte weiter: »Amore, amore, amore« vor sich hin.

Die erste Möwe flatterte noch ein paar Mal über den Boden, landete schließlich und setzte sich neben Tamino. Er war sehr gespannt, was ihm die Möwe zu erzählen hatte.

»Nun, mein Junge, *amore* ist nichts anderes als die Liebe, und die Liebe wiederum ist das Gleiche wie *l'amour,* nur eben in verschiedenen Sprachen.«

Sofort fing die zweite Möwe an und flog dabei hin und her: »Mein Name ist Frederico und ich komme aus Italien. In meiner Sprache heißt Liebe *amore.* Und das hier ist mein weit gereister Freund Frédérique. Er stammt aus Frankreich und dort heißt Liebe *l'amour.*«

Nachdem er fertig geredet hatte, setzte sich auch Frederico neben Tamino und legte einen seiner Flügel auf dessen Schulter. »Weißt du«, trällerte der Italiener, »die Liebe wirst du hier vergebens suchen, denn es gibt sie hier nicht. Komm mit uns nach Europa – dort ist sie erfunden worden.«

»Europa?« fragte Tamino. »Wo ist denn das?«

»Ach, nur ein paar Flugstunden über den Ozean, dann sind wir da«, antwortete Frederico. Er begann schon seine Flügel für den langen Flug fit zu machen.

»Flugstunden …«, entgegnete Tamino. »Ich kann aber gar nicht fliegen!«

»Aber wir!« näselte Frédérique mit seinem französischen Akzent. »Und weil wir dich nett finden, kannst du mit uns fliegen!«

»Es gibt nur eine einzige Bedingung«, warf jetzt Frederico ein, der seine Turnübungen inzwischen beendet hatte. »Wenn du Amore gefunden hast, sag ihr, sie soll auch mal bei uns vorbeischauen. Auch wir könnten ein bißchen Liebe ganz gut brauchen.«

»Wir wissen zwar auch nicht, was die Liebe ist, aber wenn alle davon sprechen, kann sie ja nicht das Schlechteste sein«, fügte Frédérique hinzu.

»Das meine ich auch. Wenn ich die Liebe finde, werde ich es ihr ausrichten«, versprach Tamino. Er freute sich, zwei so nette ausländische Möwen getroffen zu haben. Denn wann hat man als kleiner südpolischer Pinguin schon mal die Gelegenheit dazu?

»Dann mach dich bereit, Tamino. Wir können sofort losfliegen. Setz dich auf meinen Rücken. Ich fliege dich das erste Stück und Frédérique das zweite«, sprach Frederico und bückte sich, damit Tamino Platz nehmen konnte.

Vorsichtig, ganz vorsichtig kletterte Tamino Pinguin auf Fredericos Rücken und setzte sich, noch vorsichtiger, ganz langsam hin.

»So, Kleiner«, erklärte Frederico. »Jetzt mußt du dich nur noch gut festhalten und die Reise kann losgehen. Alles klar?«

»Alles klar«, erwiderte Tamino unsicher, denn er hatte schon ein bißchen Angst. Schließlich ist noch nie ein Pinguin geflogen, wenn man von den Pingtisten im Zirkus einmal absieht. Aber die flogen ja nur von Trapez zu Trapez.

»Nun denn – dann wünscht Ihnen Ihre Fluggesellschaft einen guten Flug, mein Herr!« rief Frédérique. Gleich darauf setzte er zu einem Steilflug an.

Frederico versuchte mit seinem Passagier auf dem Rücken das Gleiche, flog zwei Meter achtundzwanzig – und machte eine Bauchlandung.

»Hast du dir wehgetan?« fragte Tamino, der nur einen Schrecken abgekriegt hatte. »Kann ich etwas für dich tun?«

»Nein, nein. Ich habe nur das Gewicht meiner Fracht ein bißchen unterschätzt. Wir versuchen es gleich noch mal«, antwortete Frederico und nahm ein paar Meter Anlauf. Und tatsächlich: Der Möwenpilot schaffte es, hochzusteigen und mindestens zehn Meter siebenundfünfzig weit zu fliegen. Dann ging es plötzlich wieder in den Sinkflug. Und beide wären diesmal sicher nicht so glimpflich davongekommen, wenn nicht im allerletzten Moment Frédérique unter den Bauch seines Freundes geflogen wäre, um ihn zu bremsen.

Jetzt bewegten beide sanft und gleichmäßig die Flügel und stiegen hoch und höher in den weiten Himmel über dem Atlantischen Ozean. Es war schon ein komisches Bild, die zwei Möwen so übereinander fliegen zu sehen!

Auf diese Weise hatten Frederico und Frédérique, ohne es zu merken, den ersten Möwendoppeldecker erfunden.

Als unser Trio durch eine dicke Wolkendecke flog, bekam Tamino plötzlich Heimweh. Das Weiß der Wolken erinnerte ihn an seine südpolische Heimat. Er dachte an seine Eltern, die bestimmt sehr böse auf ihn waren, weil er sich einfach davongemacht hatte. Er dachte an Frau Robbe, seine Lehrerin, die gewiß auch nicht sehr zufrieden war mit seinem Tun. Und er dachte an Atze, seinen Pinguinfreund aus der Pingballmannschaft. Wenigstens der hätte gut gefunden, was Tamino da gerade tat. Aber Tamino begann zu zweifeln, ob man seinen Eltern und seiner Lehrerin als Kind so etwas antun durfte: einfach abzuhauen. Vielleicht würde er die Liebe ja gar nicht finden. Dann wäre alles umsonst gewesen.

Und als gerade wieder eine große Portion Zweifel in ihm aufsteigen und ihm im Halse steckenbleiben wollte, fiel ihm zum Glück wieder Ephraim der Buckelwal ein. Der hatte ihn ja zu dieser Reise ermutigt.

Natürlich hätte er die beiden Möwen bitten können, die Reise abzubrechen und ihn am Südpol abzusetzen. Doch dann wäre sein ganzes Pinguinleben lang die Frage offen geblieben, ob ein kleiner Pinguin etwas Großes vollbringen kann. Ebenso die Frage, ob das Volk der Kaiserpinguine nicht durch seine Hilfe wieder glücklich geworden wäre, wenn er, Tamino Pinguin aus der Südpolischen Gesamtschule, Pingzessin Nanuma befreit hätte. Und schließlich hätte er sein Leben lang nach einer Antwort gesucht, was denn nun die Liebe sei!

Das war unmöglich.

Und manches hatte Tamino ja bereits herausgefunden: Geben mußte es die Liebe. Nur daß jeder, den er nach ihr fragte, eine eigene Meinung von ihr hatte. Und daß wahrscheinlich jeder sie suchte. Wie auch Frédérique und Frederico.

Plötzlich wurde Tamino aus seinen Gedanken wachgerüttelt. Frédérique und Frederico begannen tiefer zu fliegen.

»Ist was passiert?« fragte Tamino ängstlich.

»Nein, nein, Jüngelchen«, beruhigte ihn Frederico. »Wir haben nur ein bißchen Hunger und wollen ein paar Makrelen fangen. Deshalb fliegen wir jetzt leichte Sturzflüge und angeln uns was Hübsches zum Abendbrot.«

»Wenn du möchtest, fangen wir dir was mit, Tamino«, bot Frédérique an. »Du mußt wissen, daß es hier vor Makrelen nur so wimmelt. Und es ist ganz einfach, sie zu fangen!«

Hui, ging es im Sturzflug hinunter. Frederico steuerte von oben und Frédérique steckte Schnabel und Kopf blitzschnell ins Meer. Ohne Mühe fing er drei Makrelen hintereinander. Die beiden ersten ließ er über seinen Kopf nach oben zu Tamino und Frédérique schnellen. Die dritte verschlang er selbst, ohne zu kauen.

Komisch, dachte Tamino, wie einfach es für die beiden ist, Makrelen zu fangen. Es kostet sie fast keine Mühe. Mich hätte es vor kurzem fast das Leben gekostet!

Allmählich wurde es dunkel. Die Sonne nahm ihr abendliches Bad im Meer. Und während sie langsam hinter dem Horizont versank, flogen unsere drei Freunde weiter.

Tamino konnte die Stunden gar nicht mehr zählen. So lange dauerte der Flug mit Frederico und Frédérique nun schon.

Es war ein einziges Auf und Ab, ein Frieren und Schwitzen, ein Zittern und Bibbern, ein Hoffen und Bangen. Ihm war schwindlig vom Hinunterschauen, seine Augen tränten vom Flugwind, seine Glieder zitterten vor Kälte. Er hatte Angst und freute sich zugleich. Alles zusammen.

Und alles zusammen machte ihm klar, daß es wirklich kein Zurück mehr gab. Eigentlich seit jenem Moment, als er begonnen hatte, um Nanuma zu weinen. Denn geweint hatte er noch nie *um*, sondern höchstens mal *wegen* jemandem. Zum Beispiel wegen Atze, wenn der beim Pingball mal wieder gefoult hatte. Oder wegen Papa Pinguin, der den ganzen Abend vor dem Pingseher saß und keine Zeit für Tamino hatte.

Es war ein ganz eigenes Gefühl, das da seit jenem Moment in Tamino aufgestiegen war. Ein Gefühl, das Tamino gar nicht festzuhalten brauchte, weil es nämlich nicht wegging und immer dablieb, die ganze Zeit! Was mochte das sein?

Tamino bemerkte plötzlich, daß die beiden Möwen an Höhe verloren und auf einen im Meer treibenden Topf zuflogen.

Der Topf dampfte genauso wie der von Mama Pinguin, wenn sie Fischsuppe kochte. Nur daß dieser hier sich auf dem Wasser fortbewegte.

Je näher die drei Reisenden dem dampfenden Topf im Wasser kamen, desto mehr ließ sich erkennen, daß der Topf, der dort unten im Ozean schwamm, gar kein Topf war.

In dem riesig großen Bottich gab es nämlich Fenster, Türen, Klappen und einen großen Bauch, in dem Tausende von Fischen ohne Wasser lagen und ängstlich vor sich hin zappelten.

»Frederico«, rief Tamino, »warum fliegen wir auf diesen Topf zu?«

»Frédérique«, schrie Frederico seinem unter ihm fliegenden Freund zu, »unser Fluggast möchte wissen, warum wir auf diesen Topf zufliegen!«

»Weil wir eine Pause brauchen und uns mal abwechseln müssen. Ich kann nicht den ganzen Flug über die Last alleine tragen, Tamino«, antwortete Frédérique und setzte zur Landung an.

Ganz sachte und sicher landete unser lebendes Fluggerät auf dem Topf.

»Was für ein seltsamer Topf, auf dem wir hier gelandet sind«, flüsterte Tamino respektvoll und schaute sich mit großen Augen um.

»Ein Topf«, erwiderte Frédérique, »ein Topf würde es sein, wenn es einer wäre, mein Junge. Aber das hier ist ein Schiff. Und wir müssen sehr vorsichtig sein, weil es hier vor Menschen nur so wimmelt.«

»Menschen?« fragte Tamino mit noch größeren Augen. »Was ist denn Menschen?«

Frederico lächelte über den kleinen unwissenden Pinguin, setzte sich neben ihn und begann zu erklären: »Richtig muß es heißen: ›Was *sind* denn Menschen‹, kleiner Tamino. Aber ich muß mich schon sehr wundern, daß du noch nie von ihnen gehört hast!«

»Also, was sind denn Menschen?« stellte Tamino seine Frage neu.

»Menschen, Tamino, sind – genau wie du und ich, wie Frédérique und alle anderen Lebewesen – ein Teil unserer Welt. Es gibt zwischen ihnen und uns nur ein paar kleine Unterschiede«, erklärte Frederico.

»Welche Unterschiede?« fragte Tamino, wie immer an allem Neuen interessiert. Er schaute Frederico fragend an.

Nun setzte sich auch Frédérique, der in der Zwischenzeit nachgesehen hatte, ob auf diesem »Topf« keine Gefahr bestand, zu Frederico und Tamino. »Wie Frederico schon sagte, Menschen sind wie wir alle ein Teil dieser Welt. Nur manchmal vergessen sie eben genau das. Von jeher, seit es diese Welt gibt, haben sie ein Problem: Sie denken, daß ihnen die Welt allein gehört. Sie denken, daß sie von allen Lebewesen die wichtigsten sind.«

Und Frederico fügte hinzu: »Das wäre ja an sich gar nicht das Schlimmste, denn alle Wesen dieser Welt denken das von sich. Nur daß die Menschen auch danach handeln. Sie nehmen sich einfach, was sie wollen. Mit der einzigen Entschuldigung, daß sie Menschen sind. Sie fischen die Meere leer, weil sie hungrig sind, schmeißen ihren Müll überall hin, wenn sie ihn loswerden wollen, und tun alles, damit es ihnen gut geht. Erst dann schauen sie, wie es den anderen geht.«

Frédérique wurde jetzt fast ein bißchen böse und schimpfte: »Und das alles tun sie nur, weil sie meinen, sich wegen ihrer großen Köpfe, in denen so viel Klugheit steckt, alles erlauben zu können. Elefanten haben noch größere Köpfe. Nur unternehmen sie nichts gegen Menschen, weil sie in Wirklichkeit noch klüger sind!«

Gespannt und aufgeregt hatte Tamino zugehört. Er hatte so angestrengt über das Erzählte nachgedacht, daß er gar nicht bemerkte, wie Frédérique und Frederico aufhörten zu erzählen. Als es ihm einen Augenblick später auffiel, war es ihm, als ob er aus einem Traum erwachte.

»Sind denn die Menschen unsere Feinde?« fragte Tamino mitten in die gespannte Ruhe hinein. »Ich meine, die Feinde aller, die nicht Menschen sind?«

»Das kann man so nicht sagen«, klärte Frederico ihn auf. »Sie sind gewiß nicht die Feinde aller Tiere und man kann auch nicht sagen, daß alle Menschen gleich sind. Aber für Pinguine zum Beispiel sind sie sehr gefährlich. Ich selbst habe gesehen, wie sie viele von euch gefangen und in ihre Heimat abtransportiert haben.«

Und Frédérique ergänzte: »Man muß sie nur mal von oben sehen, mit ihren Nestern auf dem Kopf und ihren großen Füßen!«

Im gleichen Moment fühlte sich Tamino wie von einem

großen Schneeball getroffen. Der Schreck krachte durch seinen ganzen Körper. Sollte es sich bei den Menschen am Ende um Großfüßler handeln? Jene Wesen, die in Schalen oder solchen Töpfen wie hier schwimmend zum Südpol kamen und auch Pingzessin Nanuma weggefangen hatten?

Gerade als er seinen beiden Freunden diese Frage stellen wollte, flogen sie plötzlich kreischend davon.

Noch bevor Tamino den Grund ihrer Flucht erkennen konnte, wurde er von etwas Unbekanntem gepackt und in einen dunklen Behälter gesteckt.

Er wußte nicht, wo er war. Aber mit einem Mal war er eingesperrt. Sein Herz schien ihm vor Angst in die Frackspitze zu rutschen. Der Behälter, in dem er gefangen saß, ruckelte schlimmer als eine Eisscholle, wenn sie auseinanderbrach.

Dieses Mal würde er nicht davonkommen, dachte Tamino. Dieses Mal würde er nicht so viel Glück haben wie bei Harald dem See-Elefanten. Dieses Mal war seine Reise beendet. Und er würde den Südpol, Atze und seine Eltern nie wiedersehen, geschweige denn Pingzessin Nanuma und die Liebe finden.

»Tamino!« rief Mama Pinguin durch die Schneelandschaft am südlichen Südpol. »Tamino, wo bist du?« hallte Papa Pinguins Stimme im ewigen Eis am westlichen Südpol.

»Tamino, melde dich!« war Atze am östlichen Südpol zu hören.

»Tamino, wo steckst du nur!« erklangen die Stimmen seiner Klassenkameraden vor der Gesamtschule am nördlichen Südpol.

Der ganze Pol war in Aufruhr. Alles suchte nach dem kleinen Ausreißer. Und selbst der traurige König der Kaiserpinguine suchte kräftig mit, weil er sich so an das Schicksal seiner Tochter Pingzessin Nanuma erinnert fühlte.

Zum ersten Mal seit dem Verschwinden von Nanuma gab er sogar wieder einen Befehl an sein Volk. Genaugenommen sogar zwei: Alle Kaiserpinguine sollten sich an der Suche nach Tamino beteiligen. Außerdem sollten sie um Tamino an jedem Montag genauso heulen, wie sie es für seine Tochter taten.

Das südpolische Pingsehen sendete Suchmeldungen mit einem Bild von Tamino. Und es wurde eine Belohnung von einhundertsiebenundvierzig Kilo Makrelen ausgesetzt, welche derjenige bekommen sollte, der einen Hinweis auf Taminos Verschwinden geben konnte.

Taminos Schulkameraden tauchten und schwammen um die Wette. Sie wollten nachsehen, ob er sich vielleicht in eine der vielen Unterwasserhöhlen verirrt hatte. Andere durchkämmten die Eiskristall-Wälder, in denen Tamino so gern spazierenging.

Atze durchsuchte alle Geheimverstecke, in denen die beiden sich oft vor den anderen versteckten. Dort hatten sie einander immer gegenseitig Gruselgeschichten von Eisvampiren erzählt.

Taminos Eltern, Mama und Papa Pinguin, machten sich die allergrößten Sorgen und wußten nicht mehr ein noch aus.

Die Nachricht, die Tamino seinen Eltern hinterlassen hatte, war nämlich über Nacht weggetaut und deshalb nicht mehr zu sehen. Taminos Mama konnte ja nicht ahnen, daß sein Verschwinden mit den Fragen über die Liebe zu tun hatte, die er ihr am Abend vor seiner »Abreise« gestellt hatte.

Am Morgen war sie wie immer mit einem Tablett frischer Makrelenhäppchen und einer großen Tasse Schmelzwasser in Taminos Zimmer gekommen und wollte ihn wecken. Als ihr Sohn dann nicht da war, machte sie sich erst noch keine Sorgen, weil Tamino oft schon sehr früh aus dem Bett hüpfte, um ein wenig Schnellschwimmen zu üben. Nachdem er aber auch zum Mittagessen nicht nach Hause kam, wurde Mama Pinguin doch stutzig. Sie beschloß, mit Frau Robbe zu pingofonieren.

»Hallo, Frau Robbe?«

»Ja, Frau Robbe hier!«

»Guten Tag, Frau Robbe! Hier spricht Taminos Mutter. Können Sie mir sagen, warum der Junge heute so lange nicht nach Hause kommt?« Am anderen Ende der Leitung herrschte plötzlich eisige Stille. So eisig, daß Mama Pinguin es durch das Pingofon noch spüren konnte. Ganz zaghaft fragte sie: »Hallo, Frau Robbe, sind Sie noch dran? Warum antworten Sie nicht?«

Da erzählte Frau Robbe der armen Mama Pinguin, daß Tamino nicht in der Schule gewesen war.

Beide waren entsetzt. Denn immer, wenn am Südpol ein Kind oder ein Erwachsener verschwand, wußte man, was das zu bedeuten hatte ...

Frau Robbe robbte sofort zu Taminos Mama und Papa nach Hause, denn vielleicht konnte sie ihnen in ihrer Not ja irgendwie zur Seite stehen. Sie versuchte Mama Pinguin zu trösten. Die aber ließ sich gar nicht trösten, weil sie der Meinung war, daß Frau Robbe nicht wissen könnte, wie es ist, wenn man ein Familienmitglied verliert.

Da erzählte ihr die Lehrerin von ihrem Mann, dem Oberstudienrat Dr. Robbe. Vor über zwanzig Jahren war er genau wie Tamino plötzlich verschwunden und nie mehr wiedergekommen.

»Wissen Sie, Frau Pinguin, ich kann Ihre Angst verstehen. Mir ging es damals nicht besser als Ihnen. Und auch heute nicht, wenn ich an meinen Mann denke. Sie müssen sich aber keine Sorgen machen. Denn Ihr Tamino läßt sich nicht so einfach von ein paar Großfüßlern einfangen. Er ist der beste Schwimmer der Südpolischen Gesamtschule!«

»Aber wo kann er dann sein?« fragte Mama Pinguin.

»Ja, wo nur, wo?« gab Frau Robbe die Frage zurück, weil sie ebenso ratlos war.

Nach einer Zeit, die Tamino so lang vorkam wie sein ganzes bisheriges Leben, hörte das Ruckeln auf. Scheinbar wurde der Behälter, in dem er saß, abgestellt.

Tamino hielt den Atem an. Licht fiel ein und sein Gefängnis wurde geöffnet. Irgend etwas hob ihn hinaus und setzte ihn auf eine große glatte Fläche, die aber, anders als Eis, nicht kalt war und auf vier langen Beinen stand.

Vor der Fläche saß ein Wesen. Offensichtlich war es ein junger Großfüßler. Er starrte Tamino an. Und der bekam einen solchen Schrecken, daß er am ganzen Leib zu zittern begann. Er dachte, sein letztes Stündlein habe geschlagen.

Das Wesen starrte noch eine Weile. Dann kam es mit seiner Hand auf Tamino zu, der sich blitzschnell duckte, um sich vor dem Angriff zu schützen.

Die Hand schob sich langsam an ihn heran. Es gab keinen Ausweg. Tamino schloß die Augen, duckte sich so eng wie möglich an den Boden und ergab sich in sein Schicksal.

Er spürte, wie die Hand näher und näher kam ... und ihn dann – streichelte! Tamino dachte, er würde träumen! Aber da streichelte die Hand ihn schon wieder.

Die Angst begann großer Verwunderung zu weichen. Wie war es möglich, daß der Großfüßler ihm nichts tat, sondern ihn sogar streichelte?

»Keine Angst, kleiner Pinguin«, sagte der Großfüßler plötzlich. »Ich habe dich nur mitgenommen, damit dir nichts geschieht. Hätte dich der Kapitän gefunden, wäre es dir sicher schlecht ergangen.«

Tamino begriff von den Worten des Menschen nur so viel, daß er es wohl gut mit ihm meinte und ihn vor irgend etwas bewahren wollte. Ein Kapitän, so dachte Tamino, muß wohl einer von den Großfüßlern sein, die für Pinguine gefährlich sind.

»Oh, entschuldige, ich habe mich ja noch gar nicht vorgestellt! Mein Name ist Fiete. Ich bin der Küchenjunge auf diesem Schiff. Sehr erfreut, dich kennenzulernen, kleiner Pinguin«, sagte der Großfüßler und fuhr fort: »Du mußt keine Angst vor mir haben. Ich bin froh, einen Gefährten hier an Bord zu haben, denn ich fühle mich ganz schön einsam unter den Seeleuten. Weißt du, ich wollte nämlich gar nicht zur See fahren. Aber die Liebe ist schuld, daß ich auf diesem Fischdampfer gelandet bin.«

Liebe! Der Großfüßler, dessen Name Fiete war, sprach von der Liebe! Tamino wurde hellhörig. Vielleicht konnte dieser Mensch der Schlüssel zu dem sein, was er suchte! Vielleicht war es doch nicht so schlimm, auf diesem Schiff gelandet zu sein.

»Weißt du«, erzählte Fiete weiter, »ich hatte eine Freundin zu Hause in Cuxhaven. Sie hieß Merle und war genauso hübsch wie meine Heimatstadt. Ich liebte beide sehr. Nach zwei Jahren erzählte mir Merle aus heiterem Himmel, daß sie mich nicht mehr liebt, weil sie einen anderen Freund gefunden hat. Da war der Himmel für mich gar nicht mehr so heiter, weil ich sehr, sehr traurig wurde. Und ich beschloß, Cuxhaven zu verlassen. So war die Liebe schuld, daß ich ein Seemann, oder besser gesagt ein Seejunge, wurde, denn ich bin ja erst sechzehn und noch kein richtiger Mann.«

Tamino hatte sehr genau zugehört, was Fiete erzählte, und eigentlich hatte er auch alles verstanden. Aber wenn die Liebe an etwas, das nicht ganz so gut war, schuld sein konnte, mußte sie wohl auch ihre schlechten Seiten haben.

Sollte Mama Pinguin am Ende Unrecht gehabt haben, wenn sie meinte, daß die Liebe das Schönste ist, was einem Pinguin widerfahren kann?

Tamino hoffte, daß Fiete weitererzählen würde. Denn er

fühlte sich durch dessen Worte seinem Ziel, die Liebe und damit Nanuma zu finden, sehr, sehr nahe. Fiete war der Erste, der die Liebe wirklich kannte. Und wenn er auch nicht die besten Erfahrungen mit ihr gemacht hatte, so wußte er doch wenigstens, was die Liebe war.

»So, jetzt aber genug erzählt!« unterbrach Fiete Taminos Gedanken. »Ich muß zum Kartoffelschälen in die Kombüse. Und du solltest ein wenig schlafen. Ich setze dich wieder in die Schachtel, lasse den Deckel aber auf und komme wieder, wenn ich mit der Arbeit fertig bin.«

Nein, nein, nein! dachte Tamino. Nicht weggehen, weitererzählen! Ich muß doch die Liebe finden. Ich habe keine Zeit zum Schlafen!

Fietes Hand kam wieder näher und beförderte unseren Freund vorsichtig in die Schachtel zurück.

»Schlaf gut«, sagte Fiete noch, dann wurde es dunkel. Und schließlich, nachdem er noch ein wenig nachgedacht hatte, schlief Tamino wirklich ein.

Joachim Ringelnatz

Pinguine

Auch die Pinguine ratschen, tratschen,
Klatschen, patschen, watscheln, latschen,
Tuscheln, kuscheln, tauchen, fauchen
Herdenweise, grüppchenweise
Mit Gevattern,
Pladdern, schnattern
Laut und leise.
Schnabel-Babelbabel-Schnack,
Seriöses, Skandalöses, Hiebe, Stiche.

Oben: Chemisette mit Frack.
Unten: lange, enge, hinderliche
Röcke. – Edelleute, Bürger, Pack,
Alte Weiber, Professoren.

Riesenvolk, in Schnee und Eis geboren.
Sie begrüßen herdenweise
Ersten Menschen, der sich leise
Ihnen naht. Weil sie sehr neugierig sind.
Und der erstgesehene Mensch ist neu.
Und Erfahrungslosigkeit starrt wie ein kleinstes Kind
Gierig staunend aus, jedoch nicht scheu.

Riesenvolk, in Schnee und Eis geboren,
Lebend in verschwiegener Bucht
In noch menschenfernem Lande.
Arktis-Expedition. – Revolverschuß –:
Und das Riesenvolk, die ganze Bande
Ergreift die Flucht.

ALESSANDRO BOFFA

Wir waren allein

Wir waren allein auf dieser treibenden Eisscholle in der Polarnacht. Viskovitz wandte sich um und sagte zu mir:

»Ich möchte unsere Unterhaltung schwarz auf weiß haben, kannst du das besorgen?«

»Das geht nicht«, antwortete ich. »Ich bin weder Drucker noch Schriftsteller. Ich bin ein Pinguin. Und für mich bedeutet ›schwarz auf weiß haben‹ höchstens, andere Pinguine zu machen.«

Und einen Monat später sitze ich doch tatsächlich hier, regungslos mit einem Ei unter meinem Bauch, und erinnere mich.

Angefangen hatte ich das Gespräch …

Thea Dorn

Buster

Der Pinguin ist der Buster Keaton unter den Tieren. Schön und erhaben, traurig und lächerlich zugleich. Meine Leidenschaft zu den schwarzweißen Vögeln, die nicht fliegen können, begann an einem depressiven Berliner Herbstnachmittag. Ich wanderte durch den Zoo und blieb am gelblich beschlagenen Schaufenster der Königspinguine stehen: Zwölf Gralsritter starren mit großem Ernst ins Nichts. Einer bewegt sich, und die ganze Gruppe schwankt im Gänsemarsch davon. Napoleon muß heimlich bis in die Antarktis vorgestoßen sein. Woher hätte er sonst wissen können, daß es vom Erhabenen zum Lächerlichen tatsächlich nur ein Schritt ist? Königspinguine sind unsere Vorbilder, weil sie stillschweigend unter Bedingungen leben, unter denen man eigentlich nicht leben kann. Während Buster Keaton sich durch einen ganzen Bürgerkrieg pflügt, um die Dame seines Herzens zu erobern, stehen die Pinguinmänner bei minus fünfzig Grad im Schneesturm, brüten, und warten, bis ihre Pinguinfrauen aus dem Meer zurückkehren. Monatelang. Und das alles, obwohl sie genau wissen, daß der Sex am Schluß doch wieder nicht klappen wird.

STEPHAN SAREK

Können Pinguine fliegen?

Es versprach eigentlich, ein ruhiger Tag zu werden. Die Towercrew hatte gerade gewechselt, und der kleine Flughafen am Rande der Stadt erwartete nur noch eine Fokker aus Schweden und eine Cessna aus Kyritz. Der Anlernling aus Hövelhof, ein in der Ausbildung stehender Fluglotsenanwärter, lehnte schon den ganzen Nachmittag mit seinem Fernglas über dem Geländer und suchte nach Flugzeugen in der Luft. Der Flughafenchef leitete in der Flughafenkantine die Versammlung der Flughafenchefs des Landkreises, der Luftdruck war gut, Wind Nordost.

Da kam plötzlich der Funkspruch: »Bremen Turm, Bremen Turm! Delta, Echo, Lima, Tango, Alpha.« Der diensthabende Fluglotse zuckte zusammen.

»Wer ist das denn?« brummelte er, beugte sich nach vorn und drückte die Sprechtaste: »Delta, Tango, Alpha. Bremen Turm.«

»Tango, Alpha, 3 Meilen nordöstlich Sierra eins in 1000 feet, zur Landung, kommen.«

Der Fluglotse sah nach oben: »Hat der Pilot sein Fluggerät benannt?« fragte er in die Runde.

Alle schüttelten den Kopf.

»Delta, Tango, Alpha, nennen Sie ihren Flugzeugtyp!«

Eine kurze Pause entstand.

»Ich bin kein Flugzeug«, sagte die Stimme dann zögernd, »ich bin ein Schwein.«

Jetzt entstand die Pause im Tower. Die Fluglotsen sahen sich etwas verärgert an. Irgendwer wollte sie verarschen oder der Pilot war besoffen.

Doch der Fluglotse war ein humorvoller Mensch. »Tango, Alpha, Schweine können nicht fliegen.«

»Doch, ich kann.«

Als sich alle etwas belustigt und verärgert ansahen und noch nicht so recht wußten, wie nun zu reagieren sei, ließ sich der fernglasschauende Fluglotsenanwärterlehrling aus Hövelhof, wenn auch recht tonlos, vernehmen: »Schweine können doch fliegen.«

Er starrte unentwegt auf einen fixen Punkt am Himmel, drehte sich dann um und bot das Fernglas dem hinter ihm stehenden Reservefluglotsen Hoffmann an.

»Da fliegt ein Schwein«, wiederholte er noch einmal, »ein Schwein.«

Reservefluglotse Hoffmann griff das Fernglas und stieß, als er einen bestimmten Punkt am Himmel entdeckt hatte, erregt aus: »Da fliegt ein Schwein.«

Wieder kam eine Meldung rein: »Delta, Tango, Alpha, Sierra eins in 800 feet, erbitte Landeanweisung und Freigabe.«

Der diensthabende Fluglotse sah sich etwas hilflos zu seinem unmittelbaren Vorgesetzten, dem Oberfluglotsen Friedhelms, um. Dieser zuckte mit den Schultern.

»Erteilen Sie dem Schwein doch die Landefreigabe.«

»Delta, Tango, Alpha, Einflug in die Kontrollzone über Sierra zwo, nicht unter 400 feet, wir haben nur eine Landebahn, QNH 1008 hPa, kommen!«

»Delta, Tango, Alpha, verstanden.«

Alle Lotsen hatten sich das zu ihrer persönlichen Ausrüstung gehörende Fernglas gegriffen und starrten in den Himmel.

»Delta, Tango, Alpha, Sierra zwo in 400 feet«, bestätigte das Schwein den Kontrollpunkt.

»Bei außergewöhnlichen Ereignissen muß die Feuerwehr verständigt werden«, ließ sich der Fluglotsenanwärter vernehmen.

Der Oberlotse grunzte nur.

»Delta, Tango, Alpha, Platz in Sicht«, meldete das anfliegende Schwein.

»Fliegen Sie Rechtsplatzrunde, Wind 090 Grad, 8 Knoten, machen Sie lange Landung.«

Für einen Moment überlegte er, welche Landebahnlänge wohl ein normales Hausschwein benötigt, wurde aber vom Oberlotsen aus seinen Gedanken herausgerissen.

»Hoffmann, gehen Sie runter zum Chef und holen Sie ihn in den Tower!«

»Nein«, sagte dieser bestimmt, »ich geh doch nicht runter und sag ihm, daß er mal in den Tower kommen soll, weil gerade ein Schwein landet.«

»Sagen Sie einfach nichts, sagen Sie nur, es wäre wichtig. Los, gehen Sie.«

Reservelotse Hoffmann machte sich wenig überzeugt auf den Weg. Er öffnete die Tür zur Flughafenkantine, setzte ein gequältes Lächeln auf und ging den langen Tisch hinab zu seinem Chef, der an der Stirnseite saß. Er beugte sich zu ihm und bat ihn, doch mal dringend in den Tower zu kommen.

»Gern«, antwortete dieser, »sagen Sie mir nur rasch, um was es geht.«

»Bitte, ich kann es hier nicht sagen, aber es ist wirklich dringend.«

»Hoffmann, ich habe hier eine Besprechung, sagen Sie, was los ist, und ich entscheide, ob ich kommen muß oder nicht.«

»Nun gut, also, da landet gerade ein Schwein.«

Der Chef lachte: »Was denn für eins, ein Wildschwein oder ein Hausschwein?«

»Es ist eindeutig ein Hausschwein. Bitte Chef, kommen Sie hoch.«

»Hoffmann, Schweine können nicht fliegen!«

Auch der Chef war ein humorvoller Mensch.

Der Ausdruck im Gesicht des Reservelotsen aber sah so aus, als ob sie es doch konnten – oder aber die Mannschaft war verrückt geworden. In beiden Fällen war es wohl nötig, in den Tower zu kommen.

Der Chef entschuldigte sich kurz bei den Delegierten, er müsse wegen einer dringenden Angelegenheit mal eben in den Tower, aber es wäre nichts Außergewöhnliches, reine Routine.

Sie liefen beide stumm nebeneinander her, und argwöhnisch beobachtete der Flughafenchef den Gang seines Angestellten, aber kein Schwanken, ganz normal – komisch. Sie betraten den Tower, und der Oberlotse grüßte mit den Worten: »Es ist soeben gelandet und befindet sich schon auf der Rollbahn zum Hangar, sehen Sie bitte selbst.«

Er reichte dem Chef das Fernglas.

Während der Chef durchs Glas auf die Stelle sah, die ihm sein Angestellter zeigte, erklärte dieser: »Ich habe so etwas noch nie gesehen, einwandfreie Landung, dann ist es über die ganze Landebahn gerannt, wahnsinnig schnell für ein Schwein. Jetzt steht es dort drüben am Hangar, bei den Hafenarbeitern. Ich glaube, sie füttern es gerade.«

Durch das Fernglas war das Schwein eindeutig als offensichtlich völlig normales Hausschwein zu erkennen und die Flughafenarbeiter, die die Reinigung eines alten Doppeldekkers unterbrochen hatten, hatten ihren Spaß mit dem Schwein.

Der Chef setzte das Fernglas ab und drehte sich zum Oberlotsen: »Wir haben doch einen Zaun um den Platz?«

Oberlotse Friedhelms nickte.

»Wie also kommt das Schwein hierher?«

Mit einem Gesichtsausdruck, der so aussah, als würde er sagen wollen, verdammte Scheiße, das ist doch gerade das Problem, antwortete Friedhelms: »Es ist wie ein normales Flugzeug gelandet, wir haben es doch alle gesehen.«

»Es hat ständig mit uns Funkkontakt gehabt«, ließ sich der diensthabende Fluglotse vernehmen, »nach der deutschen Flugfunkordnung völlig korrekt.«

»Ich hätte nicht gedacht, daß Schweine auch ein Flugfunkzeugnis machen dürfen«, murmelte der Anwärter, der immer noch unentwegt durch sein Fernglas schaute.

Der Flughafenchef glaubte sich in einem Irrenhaus. Seine sonst so normalen Mitarbeiter standen bierernst um ihn herum und versuchten, ihm ein Märchen von einem fliegenden Schwein aufzutischen. Als er gerade schnaufend lospollern wollte, wurde der Tower erneut angesprochen.

»Bremen Turm, delta, Tango, Alpha. Erbitte Rollanweisung.«

»Das Schwein will wieder wegfliegen«, sagte Friedhelms leise und senkte verlegen den Blick.

»Darf ich ihm Rollfreigabe erteilen?« fragte der Diensthabende genauso leise seinen Chef.

Der Chef war überzeugt, daß irgendein Funkamateur Schabernack trieb. Die beste Gelegenheit, die Idioten hier bloßzustellen.

»Natürlich«, sagte er daher übertrieben freundlich, »Rollfreigabe und Startfreigabe.«

Der Fluglotse setzte sich auf seinen Platz und drückte die Ruftaste: »Delta, Tango, Alpha, rollen Sie zum Rollhalteort über M und L.«

»Verstanden«, antwortete das Schwein.

Gespannt sahen sie auf das Vorfeld. Das Schwein lief zügig auf der Rollbahn über M und L und blieb genau am Rollhalteort stehen. »Bremen Turm, delta, Tango, Alpha – abflugbereit.«

Die Lotsen sahen zu ihrem Chef, dessen gesunde Hautfarbe einer vornehmen Blässe gewichen war.

»Startfreigabe!« preßte er zwischen seinen Lippen heraus.

»Delta, Tango, Alpha – Start frei, Rechtskurve nach dem

Abheben, verlassen der Kontrollzone über Sierra zwo und eins in 1000 feet.«

»Delta, Tango, Alpha – verstanden.«

Das Schwein fiel in leichten Galopp, wurde schneller und schoß dann mit einer für Schweine ungewöhnlich hohen Geschwindigkeit über die Startbahn. Nach wenigen hundert Metern hob es vom Boden ab und gewann zusehens an Höhe.

Die vornehme Blässe des Flughafenchefs wich einer häßlich bläulichen Marmorierung. Er setzte sich leise schnaufend.

»Oh, mein Gott, die Fokker«, schrie plötzlich der Fluglotsenanwärter, der die Lichter der herannahenden Schwedenmaschine gesehen hatte.

»Bremen tower – Sierra, Lima, bravo von Schweden zur Landung über Sierra eins und zwo in 1000 feet«, war auch schon aus den Lautsprechern zu hören.

Der diensthabende Fluglotse riß das Mikrofon an sich, um eine Kollision zu verhindern: »Sierra, Lima, bravo – gehen Sie sofort auf 1500 feet, fliegen Sie starke Rechtskurve, Ihnen kommt ein Schwein entgegen!« schrie er hinein.

Die Piloten reagierten sofort und in vorbildlicher Weise. Professionell zogen sie die Maschine hoch und zwangen sie in eine starke Rechtskurve. Sie hatten zwar nicht richtig verstanden, was der Grund war (sie glaubten gehört zu haben, ein Schwein käme ihnen entgegen), aber eine solche Anordnung bedurfte keiner Plausibilitätsüberprüfung.

Das Schwein bestätigte noch einmal den Kontrollpunkt, bedankte sich für den Service und entschwand bald ihren Blicken.

Die schwedische Fokker landete nach einem zweiten Versuch sicher auf dem Flugplatz, und im Tower herrschte große Ratlosigkeit.

»Das glaubt uns doch kein Mensch«, meinte der stellvertretende Fluglotse Hoffmann, »was wollen wir denn jetzt unternehmen?«

»Nichts«, sagte sein Chef, »wir unternehmen absolut nichts. Wir tun einfach so, als hätte es dieses Schwein niemals gegeben.« Er blickte in die Runde und wartete auf das zustimmende Nicken jedes einzelnen.

»Was ist mit Ihnen?« fragte er den Hövelhofer Anwärter, der immer noch unentwegt durch das Fernglas starrte.

Dieser antwortete nicht gleich.

Erst, als er noch einmal aufgefordert wurde, fragte er leise, ohne sein Fernglas abzusetzen: »Können Pinguine fliegen?«

TITUS ARNU

Pinguine fliegen wahrscheinlich doch

Auf dem Golfplatz von Simon's Town entstehen über Nacht geheimnisvolle Löcher. Sie eignen sich nicht zum Putten, denn sie sind bewohnt. Und wer sein Gartentor abends nicht sorgfältig verschließt, findet am nächsten Morgen eine Mulde im Rasen, groß genug, um einen Dackel darin verschwinden zu lassen. Überhaupt scheint jeder Strauch und jeder Grashügel in der kleinen Gemeinde am Kap der Guten Hoffnung einen heimlichen Untermieter zu haben, der streng nach Fisch riecht. Überall raschelt es, rappelt es, fischelt es. Und aus den Büschen niest es. Es ist kein Menschenniesen, kein Hunde- oder Katzenniesen, das Geräusch klingt heiser und hohl und anders als alles Niesen, das man gemeinhin so kennt.

Auf den ersten Blick aber ist Simon's Town ein idyllischer Ort in der Nähe von Kapstadt. Richter, Goldminenbesitzer und Reeder blicken hier aus ihren weiß getünchten Villen auf den Indischen Ozean. Palmenbestandene Privatparks liegen an kleinen Felsbuchten mit weißem Sand und türkisfarbenem Wasser. Doch das Rentnerparadies wird untergraben von dreisten Eindringlingen: von Pinguinen der Sorte *Sphensicus demersus*.

Die Häuser von Boulders, dem Villenviertel von Simon's Town, sind mit Alarmanlagen und Stacheldraht geschützt. Das mag gegen Einbrecher helfen, nicht aber gegen Pinguine. Die finden überall einen Durchschlupf. Kaum ein Tag vergeht, an dem nicht in irgendeinem Garten der Gemeinde wieder einer jener flugunfähigen Schwimmvögel umherwatschelt, die es immer wieder irgendwie schaffen, die Gitter,

Maschendrahtzäune, Mauern und Holzbarrieren zu über-
winden. »Pinguine fliegen wahrscheinlich doch«, vermutet
Lesley Hanson-Moore, eine Anwohnerin, »allerdings nur
nachts.«

Vor etwa fünfzehn Jahren muß es gewesen sein, da ging
ein Pinguinpärchen in Boulders an Land, baute ein Nest und
ließ sich wohnhaft nieder. Bekannte, Freunde und Ver-
wandte des Pärchens hielten das für eine gute Idee und folg-
ten den Pionieren. Pinguinpaare pflegen die schöne Tradi-
tion, ihr Leben lang zum gleichen Nest zu pilgern. Offensichtlich scheint die Bucht von Simon's Town den afrikani-
schen Pinguinen zu Fortpflanzungszwecken besonders zu
behagen, denn mittlerweile ist die Kolonie auf Tausende von
Tieren angewachsen. Ein großer Teil der Vögel kommt von
Inseln, in deren Nähe es entweder zu wenig Futter oder zu
viele Seehunde gibt. Aus Sicht der Vögel ist Simon's Town
gut gewählt: In der Bucht wimmelt es von Sardinen, das
Wasser ist nicht zu warm und nicht zu kalt und vor allem:
Die Zahl der Freßfeinde hält sich in Grenzen.

Nur fünfunddreißig Menschen leben dauerhaft in Boulders. Die meisten Villen dienen als Sommerresidenz und Wo-
chenendsitz reicher Familien aus dem dreißig Kilometer entfernten Kapstadt. Man muß kein Pinguin sein, um zu begreifen, was diesen Platz so angenehm macht: acht Monate Som-
mer, gemäßigte Winter, ständig kühler Wind vom Indischen
Ozean her, gute Verkehrsanbindung zur Großstadt. Draußen
auf dem ruhigen Wasser ziehen Ozeandampfer vorbei, immer wieder springen Delphine hoch, ab und zu blasen Wale
ihre Fontänen in die milde Luft. Das Leben der Menschen
könnte so angenehm sein, doch dreitausendfünfhundert Pinguine – immerhin einhundert Pinguine pro Person – stellen
nach Meinung der Anwohner kein ausgewogenes Verhältnis
dar. Zumal die Vögel von ihrem Naturell her nicht gerade zu-
rückhaltend sind. Man könnte sogar sagen: Sie sind dreist.

Selbst Christian Battaglia, ein Vogelschutzexperte, der für die »Südafrikanische Gesellschaft zum Schutz der Küstenvögel« Tausende von ölverschmutzten Pinguinen gesäubert hat, findet kritische Worte über *Sphensicus demersus*. »Ich war jahrelang ein Fan von diesen Tierchen«, sagt Battaglia, »bis ich sie näher kennengelernt habe. Man will ihnen helfen, aber sie beißen und kratzen. So ist er halt, der Pinguin. Die Biester sind falsch. Wirklich.«

Das Image vom süßen Pingu trifft nicht im geringsten zu. Zwar nehmen Hundehalter in Simon's Town ihre Tiere an die Leine, um die Hatz auf Pinguine zu unterbinden – was aber die Pinguine nicht davon abhält, ihrerseits auf Hundejagd zu gehen. Pinguine haben gefährliche Schnäbel. Einem von ihnen gelang es sogar, die Hundehütte eines Pitbulls zu erobern – und sie auf Dauer zu besetzen. Selbst Reporter, die keinem Schwimmvogel eine Feder krümmen würden, sollen schon ohne Vorwarnung angegriffen worden sein – mit Schnabelbissen in den Schuh. Lesley Hanson-Moore, die eine wunderschöne Villa mit Blick auf die Felsbucht von Boulders bewohnt, berichtet von einem besonders frechen Überfall: »Eines Morgens wachte ich auf, weil unser Hund hysterisch bellte. Ich rannte hinunter zur Terrasse und da war dieser Pinguin, der fröhlich in seinem Wassernapf badete! Für einen Hund ist das ein traumatisches Erlebnis.«

Im Restaurant »Penguin Point« in der Nähe der Pinguinbucht gehen die neugierigen Vögel ein und aus. Ein- bis zweimal pro Woche hüpft eines der Tiere die Treppe zum Lokal hoch, wartet, bis sich die Schwingtür öffnet, schlüpft in den Flur und von dort aus in den Gastraum, in die Küche oder zur Toilette. Die Gäste sind begeistert, sobald das charakteristische Flap-Flap-Flap der Flossenfüße auf dem Holzboden ertönt, mit etwas Geduld ergattern sie mitunter sogar einen Schnappschuß von einem Pinguin, der an der Bar herumlungert oder sich am offenen Kamin wärmt.

Die Freude des Wirtes über die gefiederten Besucher ist allerdings verhaltener als die seiner Gäste, denn die Ausscheidungen der Pinguine lassen sich von den dunkelbraunen Holzdielen kaum entfernen. Sie wirken zu allem Überfluß ätzend.

Angesichts der Hemmungslosigkeit, mit der die Vögel ihren Dreck verbreiten, mag es kaum verwundern, daß um die Pinguine von Simon's Town ein parlamentarischer Kleinkrieg entbrannt ist. Der Punkt »Penguin Politics« steht bei Gemeindeversammlungen regelmäßig auf der Tagesordnung. In der »Kommission für Pinguinfragen« suchen alle acht Wochen Vertreter der Tourismusbranche, Tierschützer und Anwohner nach einer Lösung des Problems.

Die erscheint gar nicht so einfach. Der Flurschaden, den die Tiere anrichten, ist nicht zu übersehen: durchgepflügte Gärten, verbogene Zäune und zerkratzte Gartentore. Man kann die unter Naturschutz stehenden Tiere allerdings nicht einfach des Dorfes verweisen. Nur noch 130000 Exemplare der bedrohten Art leben an den Küsten Südafrikas und Namibias. 1930 gab es noch zehnmal so viele. Überfischung, Wasserverschmutzung und das Verzehren von Pinguineiern ließen die Population drastisch schrumpfen.

Die Leute von Simon's Town können diesen Umstand allerdings kaum als bedrohlich empfinden: Sie haben mehr als genug Pinguine vor der Haustür. Und selbst wenn sie die Pinguine verbannen könnten, es würde nichts nützen: Pinguine finden immer wieder zum Nest zurück. Ein am Kap gefangener Pinguin wurde kürzlich zu Versuchszwecken mit einem Sender ausgestattet und im 800 Kilometer entfernten Port Elizabeth ausgesetzt – innerhalb von drei Tagen fand er zielstrebig zurück nach Kapstadt. Wie Pinguine sich so gut orientieren können, ist Vogelforschern unklar.

»Man kann sie nicht aufhalten«, weiß Guido Richert vom »Penguin Point«, »aber für uns ist das optimal, denn viele

Gäste kommen nur wegen der Pinguine.« Ein amerikanisches Ehepaar reist sogar zweimal im Jahr an. »Das sind echte Pinguin-Fans«, sagt Richert, »die haben alles in Pinguin, von der Baseballkappe bis zur Unterhose.«

Anwohner hingegen halten die Vögel vor allem eher für Produzenten von Lärm und Schmutz. Tatsächlich sind die Straßen von Boulders übersät mit Spuren ihrer weißen, scharf riechenden Ausscheidungen. Krach schlagen können die sechzig bis achtzig Zentimeter kleinen Kerlchen auch nicht schlecht. »Jackass«, die umgangssprachliche Bezeichnung für den am Kap heimischen Pinguin, bedeutet normalerweise »männlicher Esel«. Die Tiere besitzen zwar keine Stimmbänder, sind aber in der Lage, ruckartig Luft in ihren Hals zu saugen, wobei sie Geräusche von sich geben, die denen korsischer Bergesel nicht unähnlich sind. Außerdem müssen die Seevögel beim Fischen aufgenommenes Meersalz wieder loswerden – daher das ständige Hüsteln, Röcheln und Niesen im Unterholz von Simon's Town.

Die ersten Pinguinschreie erklingen bei Sonnenaufgang; abends beginnt der Rummel erst richtig. Dann watscheln die Tiere in Kleingruppen los, vom Strand die Straßen hinauf zu den Villen und zum Golfplatz.

Manche finden eine Lücke in dem Zaun, der die Kolonie von der Wohngegend abgrenzen soll. Manche hüpfen einfach mit einem großen Satz auf die hüfthohe Steinmauer, die den Parkplatz am »Penguin Point« vom Strand trennt. Und andere wieder gelangen einfach in den Ort, indem leichtsinnige Touristen ihnen ein Tor aufhalten. Immer wieder werden Pinguine auf der nur 600 Meter vom Meer entfernten Hauptstraße überfahren. Pinguine sind einfach zu langsam, um Autos ausweichen zu können. Zumal nachts, wenn sie, von Scheinwerfern geblendet, wie die Karnickel stehenbleiben.

Der Zaun, der Pinguine und Menschen voreinander schützen soll, wurde vor zwei Jahren aufgestellt. Die Touristen – in der Hochsaison bis zu zweitausendfünfhundert täglich – gelangen nun auf vergitterten Holzstegen trockenen und unversehrten Fußes zum Strand. Und die Pinguine können in Frieden brüten. Sie im Zaum halten zu können ist dennoch illusorisch. Die Vögel sind einfach zu aufdringlich für das Konzept der friedlichen Koexistenz.

»Pinguine sind wie Wasser, sie finden ihren Weg durch die kleinste Ritze«, sagt Justin Buchmann, Leiter des Nationalparks am Kap der Guten Hoffnung, der neuerdings auch für die Pinguinkolonie zuständig ist. Drei bis vier Anrufe bekommt er pro Woche von Anwohnern, die einen lästigen Besucher im Garten entdeckt haben. Dann müssen Buchmanns Männer ausrücken, bewaffnet mit Kescher und Transportkiste. Die Wildhüter fangen den ausgebüchsten Vogel ein und expedieren ihn zurück in das eingezäunte, offizielle Schutzgebiet.

»Wenn ich ein Gefängnis auf seine Ausbruchssicherheit kontrollieren wollte, würde ich ein paar von diesen Jungs reinsetzen – Pinguine finden jeden Fluchtweg«, sagt Christian Battaglia. Der Schweizer Vogelforscher hat in Südafrika das größte Pinguin-Putzen aller Zeiten organisiert; nach dem Untergang des Frachters *Treasure* im Juni säuberten Freiwillige aus aller Welt unter seiner Anleitung mehr als zehntausend Tiere. Jeder Vogel mußte mühsam vom Öl befreit werden – in Handarbeit, mit Zahnbürsten. Verletzte Pinguine brachten die Tierschützer sogar zur Pflege in spezielle Tierheime. Über so viel Fürsorge schütteln die Pinguinfeinde von Boulders allerdings den Kopf. Sie überlegen eher, wie sie der Plage ohne Gewalt Herr werden können. Zu gewalttätigen Übergriffen auf Pinguine kommt es ohnehin. Die Lokalzeitung berichtet regelmäßig von zerstörten Nestern, getöteten Küken und zerschmetterten Eiern.

»Diese Vögel! Würden Sie gern in einem Zoo leben?« erregt sich eine ältere Dame aus Simon's Town, die Schwierigkeiten hat, für ihre Enkelkinder einen vogelfreien Strandabschnitt zum Ballspielen zu finden. »Es sind einfach zu viele hier«, meint die Oma, die ihren Namen nicht nennen möchte, aus Furcht vor militanten Tierschützern. Solche Beschwerden muß die Gemeindevorsteherin Niki Holderness von Amts wegen zur Kenntnis nehmen. Allerdings zeigt sie sich ein wenig irritiert über die Prioritäten, die manche Einwohner setzen: »Es gibt wirklich wichtigere Probleme in Simon's Town als Pinguine«, sagt sie und verweist auf die Slums wenige Kilometer weiter, auf die Arbeitslosigkeit dort und auf HIV-positiv geborene Babys. »Was sind dagegen schon ein bißchen Dreck und Lärm?«

Manchen Gemeindemitgliedern erscheinen Dreck und Lärm allerdings so lästig, daß sie bereits eine Geburtenkontrolle für Pinguine gefordert haben: »Wenn man aus jedem Nest ein Ei nähme, würde die Population wenigstens nicht weiter zunehmen«, sagte eine siebzigjährige Dame aus der Links Crescent Street, die ebenfalls ihre Anonymität gewahrt wissen möchte. Und dann weist sie noch darauf hin, daß man die Eier bestens verwerten könne, daß früher Pinguine gebraten wurden, um gefangene Sklaven zu verpflegen, und daß sich das Öl aus dem Gefieder in Schiffslampen verheizen lasse.

Pinguineier galten bis in die zwanziger Jahre tatsächlich als Delikatesse. Sie sind so groß, daß sie fünfzehn Minuten lang kochen müssen. Das Fleisch selbst soll etwas zäh sein. »Sehr junge Pinguine schmecken wie Hühnchen«, heißt es im Kochbuch *Traditional Cookery of the Cape Malays* von Hilda Gerber, »und glauben Sie nicht den Leuten, die behaupten, ein Seevogel schmecke fischig. Es ist nicht richtig, den Vogel zu beschuldigen, nur weil man nicht weiß, wie man ihn zubereiten muß.« Das Kochen oder Grillen von Tieren, die unter Naturschutz stehen, dürfte allerdings nicht als Lösung des Problems von Simon's Town in Frage kommen.

»Die Leute werden lernen müssen, mit den Vögeln zu leben«, sagt Nationalpark-Chef Buchmann. So wie die Bewohner am Kap der Guten Hoffnung auch gelernt haben, mit anderen Meeresbewohnern auszukommen. »Als wir vor vielen Jahren hierher gezogen sind, wachten wir nachts oft auf und ärgerten uns über ein unheimliches Grunzen, Prusten und Stöhnen, das vom Strand heraufkam«, erzählte die Pinguingegnerin Hanson-Moore. »Heute drehen wir uns kurz um und wissen: Das sind nur Wale, die sich an den Felsen den Rücken kratzen.«

Der Pinguin stammt vom Menschen ab

Sea Lion Island ist ein Zoo. Links die Pinguine, rechts die Robben, Seelöwen vor allem, in der Mitte ein paar Schafe und im Rücken noch einmal Vögel – Kormorane, die in Scharen auf den Klippen hocken, außerdem Enten und Wildgänse ohne Zahl, überall kleine Tussac Birds, die auf langen Beinen den Strand entlang flitzen und den See-Elefanten in die Nase kriechen, bis die riesigen Tiere niesen und die Vögelchen sich im Sand überschlagen. Von den vielen Möwen redet kein Mensch, aber immer taucht irgendwo am Himmel auch die Silhouette eines Raubvogels auf: mal die eines eleganten Caracara, mal die eines zerrupft wirkenden Geiers. 191 Vogelarten soll es auf den Falklandinseln geben, immerhin 47 Spezies brüten auf Sea Lion Island, diesem winzigen Strich im südlichen Atlantik: keine acht Kilometer lang und weniger als zwei Kilometer breit, an seiner höchsten Stelle fünfzehn Meter über dem Meer.

Vier Menschen lebten bis vor kurzem auf der Insel. David und Patricia Gray, die ein kleines Hotel betreiben, und ein Farmerehepaar, das hier Schafe gezüchtet hat. Dieser Tage zog es fort, und jetzt gibt es auf Sea Lion Island nur noch das Hotelpersonal, die Gäste und die Tiere – Tausende von Tieren, Abertausende. In jeder Bucht und auf fast jeder Klippe.

Der Flug von Port Stanley, der Hauptstadt, dauert fünfunddreißig Minuten, wenn die zweimotorige Propellermaschine des »Falkland Islands Governement Air Service«, kurz: FIGAS, keine Umwege fliegt. Drei weitere Passagiere sind an Bord. Sie wollen nach North Arm, nach Paul Stevens und nach North Bay. Wie ein Busfahrer die Haltestellen, zählt der Pilot vor dem Start die Ziele auf. Genaugenommen ist es überflüssig. Die zweitausend Einwohner der Falkland-inseln kennen einander und wissen von jedem, wo er wohnt. Und wer an diesem Morgen in der Maschine sitzen wird, hatte jeder während des Frühstücks im Radio gehört. Zwei-mal täglich werden dort die Flüge und die Namen der Passa-giere bekanntgegeben, damit jeder erfährt, wann er an der Reihe ist. Einen Flugplan gibt es nicht. Die drei kleinen Ma-schinen fliegen, wenn man sie braucht, und landen überall, wo das Gras kurz genug geschnitten ist und am Pistenrand jemand für den Notfall mit einem Feuerlöscher wartet.

Während des Fluges entfaltet sich das gleiche Bild in im-mer neuen Varianten. Das dunkle Grün und das helle Braun der Heide, der gelbe Streifen des Strands, dann das Meer, türkis in den Buchten, fast schwarz nur wenige hundert Me-ter in die offene See hinaus: So ziehen die Inseln als Flecken auf einer finsteren Fläche unter dem Flugzeug vorbei. Noch eine und noch eine. Hier lang und schmal, da rund, dort so verdreht wie eine Seeschlange in den Wellen. Mehr als vier-hundert Inseln und Inselchen bilden den Archipel. Wie vom Himmel aus ins Meer gestreut, gruppieren sie sich in buntem Muster um die beiden großen Hauptinseln. Sea Lion Island liegt im Südosten, es ist die vorletzte Insel in Richtung Ant-arktis und die letzte, die Menschen bewohnen.

Es dauert nur ein paar Stunden, und schon hat man ver-gessen, daß Sea Lion Island eine unorganisierte Welt ist. Die Tiere wirken zahm. Man glaubt sich im Garten Eden. Alles ist so nah. So vertraulich. So natürlich, denkt man irgend-wann und erinnert sich erst in dem Moment daran, daß es ganz und gar nicht natürlich ist, wenn Vögel, statt vor dem Menschen zu fliehen, neugierig auf ihn zuhüpfen. »Wildlife« nennen die Briten, was kreucht und fleucht. Aber hier ist nichts wild; im Gegenteil. Ein verzaubernder Friede liegt über dem Land. Die meiste Zeit zumindest.

Nur wenn die Tiere hungrig werden, ist es mit dem Idyll vorbei. Dann tobt einen Augenblick lang ein Kampf. Dann stürzt sich der Caracara auf den vollgefressenen Petrel, einen entfernten Verwandten des Albatros, der wegen seines dikken Bauchs nicht mehr vom Boden auffliegen kann. Dann wirkt es nur auf den ersten Blick, als spielten Seehunde und Tintenfische miteinander, wenn die langen Tentakel des Kraken zwischen den spitzen Zähnen des Seehunds herauswinken. Und dann tauchen bisweilen Killerwale so dicht am Ufer auf und schnappen sich einen Pinguin, daß erschrokkene Urlauberinnen David, den Hotelier, anflehen, er solle doch um Himmels willen etwas unternehmen. Sie, die noch wenig zuvor ganz gierig darauf waren, die Rückenflossen der Wale durchs Meer pflügen zu sehen, sind jetzt den Tränen nah. »Die armen Pinguine«, schluchzen sie.

Natürlich. Die Pinguine. Kein Mensch schert sich um ein totes Schaf, ein totes Huhn, um Berge toter Gänse, die im vorigen Winter erfroren sind, oder um die Schädel und Skelette, die überall entlang der Küste liegen. Ja, ja, sagt man, so ist das eben mit dem Werden und Vergehen, über das nachzudenken die Falklandinseln nicht wenig Anlaß geben. Aber die Pinguine? Das ist etwas anderes. Die gehören nicht dazu, zu diesem verrückten Spiel des Fressens und Gefressenwerdens. Sie sollen kein Glied in der Nahrungskette sein. Die Pinguine, sagen die Besucher, die sind doch wie wir.

Mein Lieblingsplatz war die kleine Bucht unten am Strand, dort wo der Strand weiß und fein ist, wo Wind und Wasser flache Dünen angelegt haben und wo hier und da ein paar Büschel Strandhafer wachsen. Dort leben die Eselspinguine, wie fast alle Pinguine ein geselliges Völkchen. Morgens, mittags und abends saß ich dort. Manche der Tiere waren noch jung, erst ausgeschlüpft in diesen Wochen. Wie Daunen hing ihnen der Flaum dick an der Brust, und der Körper glich einschließlich Kopf und Füßen eher einer

Kugel als der schlanken Figur, die wir gewöhnlich mit den Pinguinen verbinden. Beim Laufen schleifte ihr fetter Hintern über den Boden und hinterließ eine breite Spur im Sand. Sie machten den Eindruck, als wüßten sie nicht recht, wohin sie gehören.

Die Älteren aber hatten Charakter, waren allesamt Individuen. Stolz ihr Gang, den Kopf weit in den Himmel gereckt, flanierten sie wichtigtuerisch den Strand entlang. Eher gelangweilt stiegen sie hin und wieder ins Meer, tauchten mit Grazie in die Wellen, schnappten sich einen Fisch und kamen wiederum äußerst gravitätisch an Land zurück. Dann würgten sie ein paar Kiesel in den Sand und standen fortan mit ausgestreckten Flügeln starr in der Sonne, um sich aufzuwärmen, während das Wasser von ihrer speckigglänzenden Brust perlte. Manche ließen den Kopf zur Seite fallen, als hätten sie keine Halswirbel, andere zogen ihn tief zwischen die Schultern, wieder andere musterten links und rechts zugleich das Treiben am Strand. Manche kippten einfach um und schliefen ein.

Mehr freilich als durch ihre Marotten unterschieden sie sich durch die Zeichnung des Federkleids, vor allem der weißen Streifen im Gesicht, die sich mal schmal, mal breit, mal geschwungen, mal gerade, mal hell, dann wieder eher gräßlich von den Augen zum Hinterkopf ziehen. Man müßte sie auseinanderhalten können, dachte ich und bemühte mich, zumindest jene wiederzuerkennen, die meinen Rucksack durchwühlt hatten, den einen wenigstens, der mir mit all der Kraft seines kleinen Schnabels den Stift aus der Hand hatte ziehen wollen. Aber wer könnte schon sechstausend Pinguine voneinander unterscheiden.

Langsam und vorsichtig soll man sich ihren Kolonien nähern, mahnen Tierschützer, und Abstand soll man halten. Doch den Pinguinen haben sie es nicht gesagt. So hilft es wenig, die Regeln zu beherzigen. Kaum sitzt man auf dem Boden, umringen einen die Tiere und mustern einen von oben bis unten. Greift man nach der Kamera, werfen sie sich in Pose. Die Pinguine sind wirklich wie wir. Vermutlich stammen sie vom Menschen ab. Die Eselspinguine allemal.

Es gibt auch andere Pinguine auf den Falklandinseln. Etwa die Königspinguine, arrogante, große Vögel. Sie sehen aus, als trügen sie einen Frack und feierten ihr Leben lang eine Cocktail-Party, zu denen nur die Creme eingeladen wurde. Sie sind die Aristokraten unter den Pinguinen, keine Spaßvögel, sondern steife Zeitgenossen, zu wichtig, um sich um Besucher ihrer Kolonie zu scheren.

Es gibt die Felsenpinguine. Kleine Gesellen mit Büscheln gelber Federn am Kopf, als stünden ihnen die Haare zu Berge. »Rockhopper« nennen die Briten sie, weil sie, statt zu laufen, mit beiden Füßen zugleich in die Luft springen. Noch die steilsten Klippen kommen sie hinauf. Einer Prozession gleicht es, wenn sie in langer Reihe in Serpentinen vom Meer zurück an den Felswänden entlanghüpfen. Grimmig schauen sie drein mit ihren leuchtendroten Augen und schielen neidisch zu den Kormoranen, mit denen sie sich die Felsen teilen. Unentwegt ziehen sie ein verbissenes Gesicht, als machten sie den ganzen Tag nichts anderes, als die Evolution zu verfluchen, deren verrückte Laune ihnen die Flügel zu kleinen Stummeln verkürzt hat.

Schließlich die Magellanpinguine, die Präriehunde unter den Vögeln. Sie graben Höhlen in die Heidelandschaft und strecken allenfalls den Kopf aus ihren Löchern. Die Magellanpinguine sind scheu. Nähert man sich ihren Siedlungen, kleinen Dörfern mit Häusern, Burgen, Straßen, gibt einer von ihnen, der Wächter offensichtlich, mit krächzender Stimme den Befehl zur Evakuierung. Mit schlechtem Gewissen springt der Besucher zurück, aber es ist zu spät. Die Pinguine werfen sich auf den Boden, schlagen mit den Beinen und Flügeln um sich, daß Sand und Erde aufspritzen, und rasen bäuchlings davon. Manche Pinguine, ging es mir durch den Sinn, könnten auch vom Dackel abstammen.

Wer die Falklandinseln besucht, kommt der Vögel wegen. Vor allem Briten buchen die Arrangements. Ältere Herrschaften, meist von englischer Vornehmheit. Wenn ausgerechnet inmitten einer Schar Pinguine der Filmtransport ihres Fotoapparats blockiert ist, lassen sie sich allenfalls zu einem trockenen »This camera is jammed« hinreißen. »You are joking«, sagt ein anderer. »No. I am not«, antworten sie ernst. Es sind jene, die zu Hause mit regem Interesse die Frühjahrskolumne der »Times« verfolgen dürften, in der Tag für Tag die Rückkehr der verschiedenen Zugvögel angekündigt wird. Hier haben sie die »Checklist« des Falkländischen Verkehrsbüros immer zur Hand, eine Liste mit 68 der am häufigsten anzutreffenden Vögel. Abends setzen sie mit dem Bleistift stolz kleine Kreuzchen vor die Namen der Tiere, die sie gesehen haben. Danach wird beschlossen, welche als nächstes aufgespürt werden sollen. »Let us try to find a Flightless Steamer Druck tomorrow. There should be some near the pond, shouldn't there?«

Den Tieren entkommt man nicht auf den Falklandinseln. Den Menschen schon. Gleich am Stadtrand von Port Stanley, nur ein winziger Ort mit der am südlichsten gelegenen Kathedrale der Welt sowie allerhand buntbemalten Holz- und Wellblechhäusern, beginnt die Einsamkeit einer leeren Moor- und Heidelandschaft, unterbrochen nur von einer Straße, der einzigen auf dem gesamten Archipel. »Camp« nennen die Bewohner der Inseln das rauhe, karg bewachsene Land, abgeleitet vom spanischen »campo«, Feld.

Port Stanley ist die einzige Stadt, und auch wenn man auf der Karte so verheißungsvolle Namen liest wie Port Louis, Chartres und Darwin, verbirgt sich dahinter nie mehr als eine winzige Siedlung, meist nur die Farm einer einzigen Familie sowie die Unterkünfte ihrer Angestellten – ein Mikrokosmos mit sieben oder acht Personen, acht oder neun Geländewagen, drei, vier Wohnhäusern, einer Werkstatt, einer Garage und einem mitunter verblüffend großen Laden, der keine Öffnungszeiten kennt, weil jeder Bewohner seinen eigenen Schlüssel hat und sich bedient, als sei es seine private Vorratskammer. Viermal im Jahr kommt ein Transportschiff von England nach Port Stanley. Alle sechs Wochen werden von dort aus die einzelnen Inseln angefahren. Daß das Haltbarkeitsdatum vieler Lebensmittel bis dahin längst überschritten ist, darum kümmert sich hier keiner. Und an die Kleidungsstücke im Angebot werden kaum mehr Ansprüche gestellt, als daß sie warmhalten und passen.

Die wenigen Häuser der Siedlungen stehen fast immer dicht beieinander. Trotzdem, erzählen die Bewohner, beschränke sich der Kontakt zum Nachbarn auf die nötigsten Mitteilungen. Tagsüber, das ließe sich ja schlecht vermeiden, begegne man sich hin und wieder auf der Weide. Ansonsten gehe man sich aus dem Weg. Nur ein einziges Mal im Jahr besuchen sie einander: an Weihnachten. Dann wandert die gesamte Schar von einem Haus zum nächsten, trinkt überall einen Schnaps, wünscht sich ein frohes Fest, und schon löst sich die Gruppe wieder auf, damit bloß keiner den anderen bei seinem Weihnachtsessen stört. Wer nicht allein sein kann, hat in diesem Teil der Welt nichts verloren.

»Aber welche Freiheiten hat man hier«, schwärmt Suzan. »Man kann tun, was man will, wo immer man will und wann immer man will.« Was genau das sein könnte, behält sie allerdings für sich. Als Kind kam sie Mitte der sechziger Jahre mit ihren Eltern von Schottland aus auf die Falklandinseln. Vor fünfzehn Jahren hat sie geheiratet und vor zehn Jahren mit ihrem Mann David die Insel Saunders gekauft, auf der sie Schafe züchten und zwei Hütten an Urlauber vermieten. Außerdem hat Suzan ausgehandelt, daß künftig Kreuzfahrtschiffe auf dem Weg in die Antarktis vor ihrer Insel anlegen. Dann wird sie den Passagieren die Albatros-Kolonie mit immerhin zwölftausend Paaren zeigen und ihnen auch gleich die eigens produzierten T-Shirts verkaufen. Pioniergeist wird auf den Falklandinseln großgeschrieben. In eifriges Erzählen allerdings setzt er sich nur selten um. Das Gespräch verläuft zäh, und irgendwann steht David unvermittelt auf, steigt in den Bulldozer, der vor der Tür geparkt ist, und verschwindet damit hinter dem nächsten Hügel.

Auch David und Patricia Gray sind nicht auf den Falklandinseln geboren. Sie stammen aus Yorkshire. Anfang der siebziger Jahre kamen sie hierher – »um dem Karriere-Wettlauf zu Hause zu entkommen«, wie sie sagen. Das Hotel auf Sea Lion Island haben sie 1986 gebaut, zu einer Zeit, als es auf den Falklandinseln noch keinen Tourismus gab. Es ist ein kleines Haus mit einem halben Dutzend Zimmern. Ursprünglich sollten nach dem gleichen Muster auf acht weiteren Inseln ähnliche Gebäude entstehen. Doch der Aufwand, so stellte sich schnell heraus, stand in keinem Verhältnis zum Ertrag. Nach wie vor ist das Haus nur selten ausgebucht. »Für die Insel sicher nicht das schlechteste«, sagt David, zuckt mit den Schultern und schaut auch nach zehn Jahren noch immer mit verklärtem Blick zum Panoramafenster hinaus auf den Strand und das Meer.

Nur die Sea Lion Lodge war von Anbeginn als Gästehaus konzipiert. Alle anderen Pensionen auf den Falkland Islands sind in Farmhäusern eingerichtet. Die meisten gehören dem Staat, der die Investitionen in den Fremdenverkehr als Investition in eine ferne Zukunft begreift. Gerade zweihundertfünfzig Touristen aus Übersee zählt man derzeit in der kurzen Saison zwischen November und Februar. Doch das ganze Jahr über quartieren sich in den Fremdenzimmern Soldaten des Militärstützpunkts Mount Pleasant ein, die an ihren freien Tagen dem Trubel der gewaltigen Kaserne im Zentrum der Hauptinsel – mit zweitausend Soldaten um einiges größer als Port Stanley – entkommen wollen. Die Vermieter der Quartiere betrachten sie nicht als Urlauber und weisen sie in ihren kleinen Statistiken gesondert aus. »Sie sind hier, um uns zu beschützen«, sagen sie. Sie sagen es ohne jede Ironie.

Nach wie vor betrachtet Argentinien die Inseln als seinen Besitz. Das britische Militär zeigt deshalb Präsenz. Täglich kreisen Düsejäger über den Inseln und dem Meer, Kriegsschiffe kreuzen vor der Küste oder liegen im Hafen der Hauptstadt. Die meisten Bewohner scheinen dafür dankbar zu sein. Noch immer sitzt der Schrecken tief. Jeder, so gewinnt man selbst auf der entlegensten Insel den Eindruck, hat die Auseinandersetzungen und Schlachten miterlebt oder wurde in seinem eigenen Haus zum Gefangenen. Auch vierzehn Jahre nach dem Krieg, von dem man auf den Falklandinseln immer nur als »The Conflict« spricht, erzählen die Menschen davon, als sei er erst vorige Woche zu Ende gegangen.

Tatsächlich begegnet man den Spuren des Kriegs überall. Vorbereitet wird man bereits in der Ankunftshalle des Flughafens. Der Empfang gleicht einem Appell auf dem Kasernenhof, wenn Soldaten auf das Gepäckband springen und in barschem Ton vor den mehr als hundert Minenfeldern in den Moorlandschaften warnen. Die meisten, sagen sie, seien eingezäunt und mit Warntafeln versehen, die zu stehlen im übrigen mit Gefängnis bestraft werde. Aber auch anderswo könnten Tretminen liegen, weshalb sie Modelle in allen Größen und Formen zeigen, außerdem Maschinengewehrmunition, Handgranaten und kleine Bomben. »Fassen Sie nichts an«, sagen sie und erzählen von Zwischenfällen, die auch dem letzten Besucher klarmachen, daß diese Einführung in die Waffenkunde keine Unterhaltungs-Show ist. Später, bei Wanderungen über die Inseln, stößt man bisweilen auf Reste ausgebrannter Hubschrauber und Flugzeuge. Auf Klippen und Hügeln erinnern Kreuze, Kränze und Plastikblumen an gesunkene Kriegsschiffe und deren Besatzungen. Und mitten in der sanften Landschaft von Pebble Island stand ich plötzlich vor dem sorgfältig eingezäunten Grab einer Gruppe junger Soldaten der argentinischen Luftwaffe. »Known unto God«, steht auf einer Tafel: »Nur Gott bekannt.«

Für den argentinischen Staatspräsidenten und General Leopoldo Fortunto Galtieri schien der 74 Tage dauernde Krieg vor allem eine Sache des nationalen Prestiges gewesen zu sein, und er hatte sich wohl erhofft, mit der Eroberung des Archipels den argentinischen Nationalhelden, den Präsidenten Peron, von seinem Sockel zu stoßen, um sich selbst darauf zu schwingen. Für die Falklandinseln bedeutete er den Anschluß an die Welt – durch den riesigen Flughafen, der rasch für das Militär gebaut wurde, wohl aber auch durch die politische Rückendeckung aus London, durch die nun ein ganz anderes Auftreten möglich wurde, etwa bei den erst in jüngster Zeit vergebenen teuren Fischerei-Lizenzen für eine auf zweihundert Seemeilen ausgedehnte Zone. Dreißig Millionen Pfund bringen sie ein, zwei Drittel der Staatsausgaben. Demnächst soll im Meeresboden nach Öl gebohrt werden. Erfüllen sich die Hoffnungen, dann wird man auf den Falklandinseln, wo das Pro-Kopf-Einkommen angeblich kaum niedriger ist als in der Schweiz, soviel Geld einnehmen, daß schon heute laut darüber nachgedacht wird, sich von Großbritannien freizukaufen und den Militärschutz selbst zu finanzieren. Um so argwöhnischer beobachtete man deshalb John Majors Verhandlungen mit Argentinien, das Öl eventuell gemeinsam zu fördern.

Nicht minder entsetzt sind die Naturschützer, in deren Szenario bis zum Jahr 2005 entlang der Nordküste eine Bohrplattform neben der anderen steht. Für die Tierwelt bedeutete dies die endgültige Katastrophe. Endgültig deshalb, weil die Wirklichkeit an den Stränden der Inseln schon lange nicht mehr so beglückend ist, wie sie sich dem Besucher darstellt. Seit dem 17. Jahrhundert sank durch hemmungsloses Abschlachten die Zahl der Wale, der Robben und sogar der Pinguine. Selbst in den vergangenen sechzig Jahren, seit der britische Forscher H. G. Benett auf den Falklandinseln die Tierpopulation zählte, gingen sie so drastisch zurück, daß man erschrickt, auch wenn man eingesteht, die Angaben von damals könnten ungenau oder geschönt gewesen sein. Felsenpinguine etwa hatte Benett 3,2 Millionen Paare gezählt; heute gibt es noch eine Viertelmillion. Die Seelöwen, so heißt es, gingen auf ein Prozent des ursprünglichen Bestands zurück – eine Entwicklung, die David Gray, der Hotelier von Sea Lion Island, bestätigt. »Was glauben Sie«, sagt er, »woher diese Insel ihren Namen hat? Doch nicht von den sechs Bullen am Strand mit ihren kleinen Harems. Siebentausend haben sich hier früher gesonnt.« Wie fragil die Tierwelt ist, wurde auch deutlich, seit im Süden der Falklandinseln jedes Jahr bis zu 150000 Tonnen Tintenfische aus dem Meer gezogen werden. Die Pinguinkolonien schrumpfen und ziehen Jahr für Jahr etwas weiter nach Norden. Um fast ein Drittel soll die Zahl der Magellanpinguine seit 1990 gesunken sein.

An dem ersten Eindruck freilich, diesen wunderbaren Szenen am Strand und auf den Klippen, vermag dies nichts zu ändern. Es bleibt dabei: Sea Lion Island gleicht einem riesigen Zoo, ist ein wunderbares Fleckchen Welt.

RORY WILSON

Pinguine auf hoher See

Solange ich zurückdenken kann, üben Pinguine auf mich
eine große Faszination aus. Als Kind wünschte ich mir sehn-
lichst, Zoowärter zu werden, um mit diesen possierlichen
Tieren den ganzen Tag spielen zu können. Ich hatte später
außerordentliches Glück: Nach Beendigung meines Biolo-
giestudiums 1979 wurde mir eine Doktorarbeit zum Thema
»Jagdverhalten der Brillenpinguine« angeboten. Seither beschäftige ich mich in meiner wissenschaftlichen Arbeit
hauptberuflich mit Pinguinen.

Die geplante Doktorarbeit über Brillenpinguine war inso-
fern damals von großer Bedeutung, als die Anzahl dieser
Tiere bereits seit einiger Zeit abnahm und niemand genau
wußte, warum. Eins war immerhin klar: Man mußte unbedingt mehr über die Aktivitäten dieser Vögel auf See herausfinden. Genau dies war meine Aufgabe.

Als ich meine Untersuchungen über die Brillenpinguine
aufnahm, war so gut wie nichts über das Verhalten von Pinguinen auf See bekannt, und es gab auch keinerlei Methoden,
um diesen wichtigsten Teil ihres Lebens zu untersuchen.

Dafür gibt es gute Gründe. Von allen Vogelarten hält sich
der Pinguin die meiste Zeit im Wasser auf – er verbringt viele
Monate auf hoher See, ohne an Land zu kommen. Landge-
stützte Untersuchungen zu diesem Thema sind also unmöglich. Pinguine von Booten aus zu beobachten ist ein hoff-
nungsloses Unterfangen, weil diese Vögel mit ihrem dunklen
Gefieder im Meer kaum zu erkennen sind. Darüber hinaus
haben Pinguine, ganz im Gegensatz zu Enten, einen geringen
Auftrieb, so daß nur ein kleiner Teil von ihnen aus dem Was-

ser herausragt. Im übrigen lieben Pinguine es nicht, wenn man ihnen nachspioniert, und tauchen meistens ab, wenn ihnen ein Boot zu nahe kommt. Zuguterletzt leben viele Pinguine in Gebieten, in denen ziemlich schlechtes Wetter herrscht, so daß auch diejenigen meiner Kollegen, die solche Bootsfahrten vertragen, oft unter stark eingeschränkter Sicht leiden müssen.

Pinguine unter Wasser mit einer Taucherausrüstung zu beobachten, ist ähnlich frustrierend. Einige Arten, zum Beispiel Königs- oder Eselspinguine, zeigen Interesse an Tauchern, während andere, unter ihnen auch der Brillenpinguin, sie wie die Pest meiden, vermutlich, weil sie sie für Feinde halten. Weil die Pinguine sich in beiden Fällen unter Wasser nicht normal verhalten, ist das Ergebnis höchst unbefriedigend für den Wissenschaftler.

Eingedenk all dieser Schwierigkeiten flog ich nach Südafrika, unterzeichnete an der Universität Kapstadt meinen Vertrag und begann mit meinen Untersuchungen über das Verhalten der Brillenpinguine im Meer. Meine wichtigste Forschungsstation sollte Marcus Island sein, eine kleine Insel (etwa 400 mal 300 m groß) in der Mitte der Saldanha Bay, 160 km nördlich von Kapstadt. Marcus Island war genauer gesagt keine Insel mehr, seit es, einige Jahre vor meiner Ankunft, durch einen 2,5 km langen Damm mit dem Festland verbunden worden war. Dieser Damm war als Wellenbrecher zum Schutz des Hafens von Saldanha Bay errichtet worden, aber er ermöglichte es mir, auch ohne Boot bequem zur Insel zu gelangen. Es ergab sich, daß ich über ein Jahr lang allein auf der Insel lebte, in jeder wachen Stunde damit beschäftigt, herauszufinden, wie 2000 Pinguine ihre Zeit im Meer verbringen. Ich bewohnte ein Haus, das aus einer Küche, zwei Schlafzimmern, einem Wohnzimmer und einer großzügigen, überdachten Veranda bestand, die mich vor der mörderischen Sonne schützte. Es gab kein fließendes

Wasser. Das mußte ich in großen Fässern aus der Stadt herbeischaffen.

Der Wassertransport war so lästig, daß ich schnell lernte, geizig mit dem Wasser hauszuhalten und mir angewöhnte, mich lieber kurz im eiskalten Ozean bei 13 °C zu waschen, als Stunden damit zu vergeuden, Süßwasser herbeizuschaffen. Trotz des vorherrschenden mediterranen Klimas ist dieses Meer, dank des kalten Benguelastromes, der aus den Tiefen vor der südafrikanischen Küste quillt, immer kalt. Das überaus nährstoffreiche Wasser ist der Grund für die große Dichte an Seevögeln und Pinguinen in diesem Gebiet. In Zusammenhang mit dem Sonnenlicht schaffen die Nährstoffe wunderbare Bedingungen für das mikroskopisch kleine Plankton, kleine Pflanzen und Tiere, die hier schnell wachsen und in großer Dichte vorkommen. Plankton ist die Nahrung für viele Fischarten, für Tintenfische und Krebse und für Muscheln, die wiederum den vielen Seevögeln und Meeressäugern dieser Region als Nahrung dienen. Es war daher nichts Ungewöhnliches, bis zu 5000 Delphine, 2000 Pelzrobben und 50000 Kormorane und Tölpel im Umkreis von nur 100 m um Marcus Island zu beobachten, alle damit beschäftigt, die großen Fischschwärme abzufischen. Anzeichen für den Tierreichtum gab es überall. Abends ging ich begleitet vom Klagegesang der Pinguine, ähnlich dem Schreien von Eseln, zu Bett und fand beim Aufstehen nicht selten Pinguine auf meiner Veranda, die dort mit unermüdlichem Eifer Nester bauten.

Nahrung der Pinguine

Die meisten Verhaltensweisen der Pinguine auf See haben mit dem Nahrungserwerb zu tun. Als eine Ursache für die Abnahme der Pinguinpopulation in Südafrika wurde die

Konkurrenz mit der kommerziellen Fischerei vermutet. Wissenschaftler nahmen an, daß die Fischereiboote ganz einfach sämtliche verfügbaren Fische in dieser Region weggefischt hatten, so daß für die Pinguine und ihre Jungen wenig oder gar nichts mehr übrig blieb. So weit so gut. Als ich jedoch meine Studien begann, wußte man noch gar nicht genau, wovon sich Pinguine eigentlich ernähren. Zweifellos war die Beantwortung dieser Frage extrem wichtig, aber leider auch sehr problematisch.

Damals untersuchte man die Freßgewohnheiten verschiedener Pinguinarten mit Hilfe einer äußerst brutalen und uneleganten Methode: Pinguine, die vom Meer zurückkehrten, wurden einfach getötet und ihr Magen aufgeschnitten. In der wissenschaftlichen Literatur zu diesem Thema wurde das Vorgehen in etwa so beschönigt: »... wir sammelten einige der von See zurückgekehrten Tiere ...«, ein Hinweis darauf, daß sogar die skrupellosesten Ornithologen dem Leser nicht die harten Fakten zumuten wollten. Mir erschien es grauenhaft und beschämend, daß man einen Pinguin töten konnte, nur um herauszufinden, was das Tier in den vorangegangenen Stunden gefressen hatte. Doch irgendwie mußte auch ich herausfinden, welche Nahrung meine Pinguine auf hoher See aufgenommen hatten.

Ich durchforstete die Literatur auf der Suche nach einer Alternative. Tatsächlich wurden verschiedene Methoden beschrieben, die aber alle mit mehr oder weniger großen Problemen behaftet waren. Ich investierte Wochen in den Versuch, sie zu verbessern und für meine Zwecke einzusetzen. Dann, eines Tages, stolperte ich über eine Methode, die sich seither als enorm nützlich herausgestellt hat. Ich versuchte gerade, das effektive Füllvolumen eines Pinguinmagens zu ermitteln. Diese Frage war sehr wichtig in Zusammenhang mit dem Freßverhalten der Tiere, denn das Füllvolumen bedeutet die maximale Nahrungsmenge, die vom Tier zu irgendeinem Zeitpunkt aufgenommen werden kann. Ich beschloß, einen Vogel zu suchen, der offensichtlich längere Zeit nicht gefressen hatte, und ihm durch einen dünnen, weichen Gummischlauch Wasser in den Magen zu pumpen. Dieses Verfahren hatte ich im Krankenhaus abgeschaut, wo mit ähnlichen Schläuchen Patienten durch die Nase ernährt werden.

Der Unterschied lag darin, daß ich dem Vogel das Wasser sehr schnell in den Magen pumpte, um beim Einfüllen genau festzustellen, bei welcher Menge Wasser der Vogel »überlief«, der Magen also voll war. Überraschenderweise stellte ich fest, daß mein nur 3 kg schwerer Vogel 0,7 Liter Wasser problemlos aufnehmen konnte. Für einen »Standard«-Menschen von 80 kg Gewicht würde dies eine Menge von 19 Litern bedeuten! Nach Beendigung des Versuchs zog ich den Katheter wieder heraus und überwachte meinen Patienten, der nunmehr sehr stattlich und um einiges runder als vorher aussah. Ich vermutete jedoch, daß er sich mit all dem Wasser im Bauch etwas unwohl fühlte. Ich entließ ihn in der vagen Hoffnung, es würde ihm gelingen, sich von dieser »Beute« zu trennen.

Kaum war der Pinguin ein paar Schritte gegangen, übergab er sich und spuckte das ganze Wasser wieder aus. Zu meiner Überraschung kam dabei auch noch eine ganze Anzahl Fische zutage, die er wohl zuvor verzehrt hatte. Die Methode wurde später noch verfeinert und unter der Bezeichnung »Magenspülung« bekannt. Seither, also seit über zehn Jahren, ist es nicht mehr notwendig, Pinguine und viele andere Vögel zu töten, um herauszufinden, was sie gefressen haben. Heute findet meine Methode, trotz anfänglicher Skepsis von Seiten einiger Kollegen, allgemein Anerkennung und Verwendung.

Die Vorstellung, den Magen ausgepumpt zu bekommen, ist für uns Menschen natürlich sehr unangenehm. Im alten

Rom wurde jedoch bekannterweise nach einem zu üppigen Mal eine Gänsefeder bemüht, mit deren Hilfe man sich den Rachen kitzelte, um den Mageninhalt loszuwerden. Danach wurde lustig weitergefeiert und -geschmaust. Seevögel sind ebenfalls Profis im Hochwürgen, da sie ihre Küken auf diese Weise füttern. Möwen z. B. entledigen sich auch ihres Mageninhalts, wenn sie von Räubern bedroht werden: Der Mageninhalt lenkt ab und befriedigt den Räuber. Außerdem hat der derart erleichterte Vogel eine bessere Manövrierfähigkeit. Wenn man also Seevögeln den Magen mit Wasser spült, so ist das zwar kurzfristig für die Tiere unangenehm, aber sie verlieren dabei nur eine »Tagesration« und leben danach normal weiter.

Was also fressen Pinguine? Bis auf wenige Ausnahmen fressen sie Fisch. Meine Brillenpinguine fraßen hauptsächlich Anchovis und dazu einige Sardinen, bei Gelegenheit natürlich auch fast alle Schwarmfische, die ihnen auf hoher See in den Schnabel schwammen, sowie Krebse und Tintenfische. Die mit ihnen verwandten Humboldt-, Magellan- und Galápagospinguine sowie Zwerg- und Gelbaugenpinguine scheinen ebenfalls auf Fisch spezialisiert zu sein. Die größte Pinguinart, der Kaiserpinguin der Hochantarktis, ernährt sich von einem Fisch namens *Pleuragramma* – er ähnelt dem europäischen Hering – sowie von Krill und Tintenfischen. Der ihm sehr ähnliche, etwas kleinere Königspinguin der Subantarktis ernährt sich von Tintenfischen und kleinen, etwa 4 cm langen Schwarmfischen, Leuchtsardinen genannt. Die Leuchtsardinen steigen nachts fast bis zur Wasseroberfläche auf und sinken tagsüber auf 200–300 m Wassertiefe ab. Da Pinguine nachts Schwierigkeiten haben, ihre Beute zu erkennen, fangen Königspinguine die Fische hauptsächlich tagsüber und müssen daher bis in große Tiefen tauchen.

Die drei kleineren, rund um die Antarktis vorkommenden Pinguinarten, Adélie-, Esels- und Zügelpinguin, fressen hauptsächlich Krill. Krill, ein kleines krabbenähnliches Tierchen, auch Leuchtgarnele genannt, ist die Hauptnahrungsquelle in der Antarktis für Wale, Robben und Pinguine. Krill kommt in Schwärmen vor, deren Ausmaße im Bereich von wenigen Metern bis zu einigen Kilometern liegen, mit Dichten von bis zu 1000 Tieren pro Kubikmeter, das heißt mehreren tausend Tonnen pro Schwarm. Solche »Superschwärme« sind oft der Schauplatz wilder Jagden, denn Vögel, Fische und Meeressäuger fressen sich hier randvoll. Die Schopfpinguine, das heißt Felsen-, Goldschopf-, Haubenpinguin und wie sie alle heißen, der gemäßigten bis subantarktischen Breiten ernähren sich fast ausschließlich von krillähnlichen Krebsen, verschmähen aber auch nicht den unvorsichtigen Tintenfisch oder Fisch, der ihres Weges kommt.

Beutefang und Färbung

Aufgrund der bereits erwähnten Probleme ist das Beobachten von Pinguinen auf See außerordentlich aufwendig und unergiebig. Daher kann es nicht verwundern, daß bisher überhaupt nur sehr wenige Menschen wildlebende Pinguine auf Beutefang gesehen haben. Ihren Berichten zufolge ist die häufigste Taktik der Pinguine die, direkt in den Schwarm hineinzuschwimmen. Dort schießen die Vögel im Zick-Zack hin und her und schnappen rechts und links nach der Beute. Dabei ähneln sie Hühnern, die auf dem Hühnerhof Körner aufpicken. Normalerweise werden die erbeuteten Fische sofort nacheinander unter Wasser heruntergeschluckt, ohne daß die Pinguine hierzu auftauchen müßten. Besonders große Beute aber, die in die richtige »Schluckposition«, das heißt mit dem Kopf voran, gebracht werden muß, wird erst an der Wasseroberfläche gefressen.

In den fünf Jahren, in denen ich mit Brillenpinguinen arbeitete, habe ich Tausende von Seemeilen bei dem Versuch zurückgelegt, die Tiere auf See dabei zu beobachten. Eines Tages konnte ich dann tatsächlich miterleben, wie Brillenpinguine fischen. Ich wanderte an der Küste von Marcus Island entlang. Es war erstickend heiß. Das Meer war spiegelglatt und ungewöhnlich klar. Hektische Bewegungen der Wasseroberfläche, unweit von mir, entfachten meine Neugier und ich kletterte auf einen Felsvorsprung, um von dort aus die Ursache zu erkennen. Ein einzelner Brillenpinguin schwamm unter Wasser pfeilschnell um einen kleinen Schwarm Meeräschen herum. Seine Kreise wurden immer enger. Die Fische gerieten in Panik und ihre geordnete Schwarmstruktur brach auf: Sie schwammen kreuz und quer durcheinander. Plötzlich brach der Pinguin das Umkreisen des Schwarms ab, schoß blitzschnell von unten in den Schwarm hinein, schnappte sich einen Fisch und verschlang ihn. Kaum war er mit dem Herunterschlucken fertig, umkreiste er die Fische bereits wieder. Kurz darauf mußte er zum Atmen auftauchen. Diesen Moment nutzten die Fische, ordneten sich und verschwanden mit einer einzigen Bewegung in der Tiefe des Meeres. Der Pinguin hatte mich inzwischen bemerkt und ergriff ebenfalls die Flucht.

Die geradezu hysterische Reaktion der Fische dem Pinguin gegenüber brachte mich auf den Gedanken, daß sich unter Wasser zwischen Pinguin und Fischen etwas abgespielt haben müßte, das mir entgangen war. Vielleicht hatte es mit der Färbung des Jägers zu tun? Dieses Jagdverhalten wurde auch bei anderen Pinguinarten der Gattung *Spheniscus* beschrieben. Pinguine dieser Gattung haben außer dem klassischen schwarzen Rücken und weißen Bauch zusätzlich einen schwarzen Streifen an der Seite, der in starkem Kontrast zum weißen Untergrund steht. Als ich beim Tauchen zum erstenmal Brillenpinguine unter Wasser beobachtete, beeindruckte mich sehr, wie auffällig sie seitlich gezeichnet waren. Stand dies nicht im Widerspruch zur klassischen Theorie, daß Pinguine schwer erkennbar sein müssen, um ihren Feinden nicht zum Opfer zu fallen und sich außerdem ihrer Beute unbemerkt nähern zu können?

Zusammen mit einigen Freunden entwarfen wir eine Versuchsanordnung, um herauszubekommen, warum sich *Spheniscus*-Pinguine mit einem derart auffälligen Muster schmücken. Wir fingen einige Anchovis, die Hauptnahrung der Brillenpinguine, und steckten sie in einen großen, kreisförmigen Tank des Instituts für Seefischerei in Kapstadt. Sofort fanden sich alle Fische zu einem Schwarm zusammen und begannen als Gruppe, im Tank im Kreis zu schwimmen. Alle Fische im Schwarm schwammen in die gleiche Richtung, bei gleicher Geschwindigkeit und hielten zu ihren Nachbarn einen gleichbleibenden Abstand ein. Die Fische schwammen »in Formation«. Das ist natürlich genau das, was man bei Schwarmfischen, die zusammenbleiben wollen, erwarten würde.

Solche Fischschwärme bezeichnet man als »polarisiert«. Sie sind äußerst erfolgreich in der Verwirrung von Feinden. Wenn ein Jäger in einen polarisierten Fischschwarm eindringt, reagieren die Fische wie ein einziges Tier und flüchten blitzschnell um den Feind herum. Jeder einzelne Fisch weiß genau, wo es langgeht und keiner verliert die Orientierung: Mißverständnisse, die zu Zusammenstößen führen könnten, kommen nicht vor. Der Räuber sieht sich einer nahezu unendlichen Auswahl flinker und schwierig zu verfolgender Fische gegenüber. Das macht es ihm äußerst schwer, tatsächlich einen von ihnen für das Dinner auszuwählen und ihn dann auch zu erwischen. Pinguine müssen es bei jedem Beutefang mit der Polarisation der Schwarmfische aufnehmen. Wie wir gleich sehen werden, kommt ihnen hier ihre Färbung ausgezeichnet zustatten.

Während der oben erwähnte Anchovisschwarm im Aquarium friedlich seine Runden drehte, ließen wir verschiedene Pinguinmodelle ins Wasser. Die meisten Modelle trugen wenig dazu bei, die natürliche Schwarmordnung zu stören. Als wir aber ein Modell eines Brillenpinguins. mit der auffälligen Zeichnung, ins Wasser ließen, wurden die Fische »depolarisiert«. Ihre Ordnung brach auf, die Fische schwammen panikartig hierhin und dorthin, einmal schnell und dann wieder langsam, dann wieder zögerlich kurz nach einem Beinah-Zusammenstoß mit einem Artgenossen. Es war leicht zu erkennen, daß jeder auch nur halbwegs geschickte Pinguin in diesem losen Haufen problemlos Beute machen könnte. Warum der zusätzliche schwarze Streifen an der Flanke der *Spheniscus*-Pinguine diese verheerende Wirkung auf die Fische hat, ist nach wie vor ein Geheimnis. Zweifellos funktioniert es irgendwie und man kann vermuten, daß ähnliche Färbungen bei Delphinen und Schwertwalen dem gleichen Zweck dienen.

Jagdverhalten der Pinguine

Doch zurück zu meinen Untersuchungen auf Marcus Island: Mehr oder weniger zufällig hatte ich die Frage gelöst, wie man herausbekommen kann, was Pinguine fressen. Aber ich wußte immer noch nicht, was die Vögel auf See machen, wie weit sie auf ihrer Suche nach Nahrung schwimmen, wie tief sie tauchen, oder zu welcher Tageszeit sie jagen. Ich beschloß, diese Fragen Stück für Stück anzugehen und mit den einfachsten Sachen zu beginnen.

Der Jahresrhythmus erwachsener Pinguine gliedert sich in zwei Perioden: die Brutzeit, wenn die Küken gefüttert werden müssen und die Pinguine daher nur für kurze Zeit das Nest zur Nahrungssuche verlassen können, und die Zeit zwischen den Brutzeiten, wenn die Tiere monatelang auf See sind und sich dabei Hunderte von Kilometern von ihren Brutinseln entfernen. Darüber hinaus gibt es natürlich noch diejenigen unter den Pinguinen, die zu jung für das Brutgeschäft sind oder nicht das Glück hatten, einen Partner zu finden. Ihnen wollte ich mich erst später widmen. Die erste und auch einfachste Frage auf meiner Insel war, herauszubekommen, wann brütende Brillenpinguine jagen.

Ich saß in einem Versteck am Strand und zählte 24 Stunden lang, wie viele Vögel zur Jagd ins Meer gingen und wie viele zurückkamen. Die Pinguine sollten mich nicht sehen können, um auszuschließen, daß sie aus Furcht vor mir zu einem anderen Strand abwanderten oder, statt an Land zu kommen, im Meer warteten. Die ganze Angelegenheit wurde etwas stressig, denn die Tiere fanden meinen Unterstand so interessant, daß alle zu einer kleinen Inspektion vorbeikamen. Das Dach des Verstecks war mit Seilen verankert, welche bei den Pinguinen einige Irritationen auslösten. Bei ihrem Versuch, der Sache auf den Grund zu gehen, stolperten sie wiederholt und landeten unelegant auf ihren Schnäbeln im Sand. Das sorgte bei ihren Artgenossen für Überraschung und Betretenheit. Was mich beunruhigte, war, daß sich dabei die Seile lockerten und das Zeltdach mehr und mehr hinuntersackte. Nach 24 Stunden war ich gezwungen, auf dem Bauch liegend durch eine kleine Öffnung zu spähen, um meine Aufzeichnungen zu machen, während die Pinguine ahnungslos auf meinem Rücken umherliefen!

Doch die Mühe hatte sich gelohnt. Ich konnte feststellen, daß fast alle Pinguine die Insel in der Morgendämmerung verließen und erst bei Einbruch der Dunkelheit oder kurz danach zurückkehrten. Es war also klar, daß Brillenpinguine tagsüber jagen. Untersuchungen an anderen Arten führten zu dem gleichen Ergebnis. Bis heute gibt es keinen Beweis dafür, daß Pinguine, gleich welcher Art, nachts jagen, obwohl einige Arten zuweilen auch die Nacht auf See verbringen.

Tauchtiefe der Pinguine

Das nächste Problem war, herauszufinden, in welcher Tiefe die Pinguine fischen. Das würde mit Sicherheit nicht einfach werden. Bis zu jener Zeit hatte erst ein Forscher ernsthaft versucht herauszubekommen, was Pinguine im Meer tun. Gerry Kooyman, ein Amerikaner, hatte mit Kaiserpinguinen in der Antarktis gearbeitet. Ihm gelang es herauszubekommen, daß diese Tiere eine Tauchtiefe von sage und schreibe 265 m erreichen. Hierzu hatte er auf dem Rücken der Vögel vor Beginn eines Tauchgangs ein Röhrchen mit Farbpulver befestigt. Die maximale Tiefe wurde durch den verbleibenden Farbstoff angezeigt. Nach Rückkehr der Tiere wurde der Tiefenmesser abgenommen und der Wert abgelesen.

Ich wollte die Methode natürlich noch etwas verbessern. Also kaufte ich den billigsten Tiefenmesser, den ich finden konnte, und versuchte, ihn so herzurichten, daß der Tiefenanzeiger eine kleine Markierung bis hinauf zum Maximum schob, genau wie bei einem Minimum-Maximum-Thermometer. Zu Beginn war ich ziemlich frustriert, denn die Markierung blieb am Zeiger hängen und stand jedesmal auf Null, sobald das Gerät an die Wasseroberfläche zurückkehrte. Da kam ich auf die Idee, die Markierung durch ein Kügelchen einer schwach radioaktiven Substanz zu ersetzen und einen Film auf dem Zifferblatt zu befestigen. Die Substanz war so wenig radioaktiv, daß keine Strahlung aus dem Gerät austrat und die Handhabung ungefährlich war. Die radioaktive Strahlung reichte aber gerade noch aus, um den unmittelbar darunter angebrachten Film zu schwärzen. Von nun an wurde jede Bewegung des Tiefenanzeigers auf dem Film festgehalten.

Da der Schwärzungsgrad des Films davon abhing, wie lange er der radioaktiven Strahlung ausgesetzt war, konnte ich anhand der aufgezeichneten Flecken nicht nur ablesen wie tief der Pinguin getaucht war, sondern auch, wie lange er sich in der jeweiligen Tiefe insgesamt aufgehalten hatte. Mit Hilfe eines maßgeschneiderten Ledergurts gelang es mir, das neue Gerät den Pinguinen anzulegen. Ich fand heraus, daß Brillenpinguine regelmäßig 30 m tief tauchen. Manchmal tauchten sie aber bei ihrer Suche nach Nahrung auch bis 130 m tief.

Der tiefste jemals aufgezeichnete Tauchgang ist der eines kleinen, weiblichen Kaiserpinguins, der die unglaubliche Tiefe von 535 m erreichte. Diesen Wert erhielt wieder einmal Gerry Kooyman, der auch heute noch, nach 20 Jahren, seine Untersuchungen an Pinguinen alljährlich auf der amerikanischen Station McMurdo fortführt. Heute setzt er natürlich elektronische Tiefenmesser ein. Bei den kleineren Königspinguinen auf Crozet, im südlichen Indischen Ozean, registrierte Klemens Pütz aus unserem Institut eine maximale Tauchtiefe von 325 m.

Auf der Ardley-Insel (Antarktische Halbinsel) zeichnete ein von uns auf einem Adéliepinguin befestigtes Gerät eine maximale Tiefe von 240 m auf. Soviel ich weiß, ist dies der Rekord für diese Art. Adéliepinguine verbringen über 90 % ihrer Zeit in Tiefen von 0–50 m. Was dieser Vogel in 240 m Tiefe tat, bleibt sein Geheimnis. Im Gegensatz dazu verbringt der kleinste Vertreter der Pinguine, der Zwergpinguin, die meiste Zeit oberhalb von 10 m und taucht wohl kaum je tiefer als 30 m. Wie tief Pinguine tauchen können, scheint von ihrer Körpergröße abzuhängen.

Schwimmgeschwindigkeit

Während meines Aufenthalts auf Marcus Island interessierte mich eine weitere Frage brennend: Wie schnell und wie weit schwimmen Pinguine auf ihren Jagdausflügen? Da es damals keine geeigneten Meßgeräte hierfür gab, blieb mir nichts anderes übrig, als selbst ein Gerät zu entwickeln, welches ich, ähnlich wie den Tiefenmesser, den Pinguinen umschnallen konnte. Das Geld für die Pinguinforschung war damals sehr knapp, und so mußte ich ein Geschwindigkeitsmeßgerät bauen, welches mein bescheidenes Budget nicht sprengte. Ich beschloß, den Aufzeichnungsmechanismus weiterzuverwenden, den ich für das Tiefenmeßgerät entwickelt hatte, also das radioaktive Kügelchen und den Film.

Am Ende baute ich den ganzen Geschwindigkeitsmesser aus einer Einwegspritze, wie sie in Arztpraxen verwendet wird, einem Stück Stahldraht, Nagellack und einem kleinen Stück Schaumgummi. Die Spritze lieferte das Gehäuse, in dem ich die aus dem Draht gewundene Feder befestigte. Aus dem Schaumgummi schnitt ich einen Stempel, den ich an das andere Ende der Feder klebte. Nun konnte man diesen Stempel gegen den Druck der Feder in das Gehäuse drücken. Ließ man los, kam er, von der Feder gedrückt, wieder in seine Ausgangslage zurück. Den Nagellack brauchte ich, um die Feder anzumalen, damit sie im Salzwasser nicht gleich verrostete.

Ich befestigte das Gerät an einem Pinguinmodell aus Plastik und testete das Ganze in einem Wassertank. Je höher die Geschwindigkeit, desto weiter wurde der Stempel vom Wasser in das Gehäuse gepreßt. Sobald man das Modell anhielt, kehrte der Stempel in seine Ausgangsposition zurück. Die Bewegung des Stempels wurde wieder mit Hilfe der Radioaktivität und des Films aufgezeichnet. Das Meßgerät war fertig.

Trotz dieser etwas rustikalen Konstruktion funktionierte das Gerät hervorragend und schon nach kurzer Zeit konnte ich ablesen, daß Brillenpinguine unter Wasser eine Reisegeschwindigkeit von 7–9 Kilometern pro Stunde bevorzugen und Maximalgeschwindigkeiten von 20 Kilometern pro

Stunde erreichen. Außerdem konnte ich feststellen, daß Pinguine mit kleinen Küken etwa 30 km täglich auf der Suche nach Nahrung zurücklegen, während Vögel mit großen Küken rund 80 km weit schwimmen müssen, um genügend Fische zu fangen. Ich veröffentlichte einen Artikel in einer wissenschaftlichen Zeitschrift über den Einsatz dieses einfachen und billigen Geschwindigkeits- und Wegstreckenmeßgerätes an Pinguinen. Kurz darauf las ich amüsiert im »Reader's Digest« eine kurze Satire, die sinngemäß so lautete: »Achtung, Achtung, an alle Pinguine! Endlich ist er da: Rory Wilsons Unterwasser-Tacho! Genau, zuverlässig und äußerst preiswert! Sofort kaufen! Limitierte Auflage!«

Das von mir entwickelte Gerät wurde tatsächlich von einer Reihe anderer Pinguinforscher benutzt. Es zeigte sich, daß alle Pinguine in etwa gleich schnell schwimmen. Die größeren Arten sind nur geringfügig schneller als die kleineren. Gerry Kooyman war wieder derjenige, der den Weltrekord messen konnte: Mit einem komplizierten elektronischen Gerät registrierte er bei einem Kaiserpinguin eine maximale Schwimmgeschwindigkeit von 25,5 Kilometern in der Stunde. Trotz all der übertriebenen Behauptungen falsch informierter Journalisten ist dies die höchste Geschwindigkeit, die jemals zuverlässig an einem schwimmenden Pinguin gemessen wurde. Kooyman betont auch, daß die normale Geschwindigkeit der Kaiserpinguine bei 11 Kilometern pro Stunde liegt.

Seit jenen frühen Tagen auf Marcus Island hat die Pinguinforschung Riesenfortschritte gemacht. Die Anzahl der Geräte, die von Pinguinforschern eingesetzt werden, hat sich vervielfacht. Wir selbst setzen heute hochkomplizierte, kleine, stromlinienförmige Fahrtenschreiber ein, die am Pinguin gleichzeitig Tauchtiefe, Schwimmgeschwindigkeit und -richtung aufzeichnen, und das alle zehn Sekunden. Die Daten werden elektronisch im Gerät gespeichert, während der

Pinguin auf See ist. Nachdem das Tier zum Nest zurückgekehrt ist und das Gerät abgenommen werden konnte, werden die Daten zur Auswertung auf den Computer übertragen. Mit Hilfe von Computerprogrammen können wir schon nach wenigen Minuten genau aufzeigen, wo der Pinguin hingeschwommen ist und wo er nach Nahrung getaucht hat.

Mit Hilfe dieser neuen Geräte können wir eine ganze Menge über das Verhalten der Tiere auf See lernen. Dennoch treibt das Interesse an ökologischen Fragestellungen viele Forscher dazu, nicht auf das Wohlergehen der Pinguine zu achten und die Vögel mit zu großen Geräten auszustatten. Mit zunehmender Größe der Geräte werden die Pinguine aber mehr und mehr beeinträchtigt: Aufgrund der Reibungsverluste erhöht sich ihr Energieverbrauch, während sich ihre Schwimmgeschwindigkeit und die erzielte Tauchtiefe verringern. Die Dauer eines Jagdausfluges wird von den Tieren erhöht, um diese Effekte zu kompensieren, und dennoch ist ihr Jagderfolg geringer als ohne Meßgerät. Eine erschreckende Bilanz! Außerdem sind es genau diese Parameter, die der Forscher unverfälscht messen wollte.

Um diese für Forscher und Pinguine gleichsam unbefriedigende Situation zu verbessern, haben einige Wissenschaftler gerade in den letzten Monaten mit großem Aufwand den Einfluß der Geräte auf ihre Studienobjekte, die Pinguine, untersucht. Als Faustregel kann man sagen, daß nur ein kleines, leichtes und strömungsgünstiges Gerät, das mit viel Feingefühl am Pinguin befestigt wird, das Tier minimal beeinträchtigt und daher wirklichkeitsnahe Ergebnisse liefert.

Nahrungsökologie

Vor zwei Jahren dachten Boris und ich über all die wunderbaren Fortschritte auf dem Gebiet der Elektronik nach, die es uns ermöglichen, jede Bewegung eines Pinguins auf See zu rekonstruieren. Dem verborgenen Leben der Pinguine im Meer nachzuspüren, ist eine enorm spannende und dankbare Aufgabe. Trotzdem gab es da noch ein sehr wichtiges Gebiet, auf dem bisher wenig Fortschritte gemacht worden waren. Seit dem ersten Einsatz der Magenspülung vor zehn Jahren hatte es keine neuen Erkenntnisse über das Freßverhalten dieser Vögel gegeben. Es war irgendwie unbefriedigend, mit Hilfe der neuen Fahrtenschreiber genau feststellen zu können, wo sich die Pinguine auf See aufgehalten hatten und wie tief sie dort getaucht waren, ohne zu wissen, ob, was und wieviel sie in diesem Seegebiet gefressen hatten. Es war, als ob man die Einkaufstasche von einem Dieb durchwühlt, den man stundenlang verfolgen ließ, ohne zu erfahren, wo was geklaut wurde.

Wir spielten mit einigen Ideen herum, entwickelten einen Sensor, um die Schnabelbewegungen aufzuzeichnen, verwarfen das Ganze und entschieden uns dann, die Magentemperatur zu messen. Pinguine sind Warmblüter mit einer Körpertemperatur von etwa 39 °C. Unter normalen Bedingungen ist ihr Magen körperwarm. Die Beute der Pinguine ist jedoch kalt. Fische und Krebse haben die gleiche Temperatur wie das Meerwasser, in dem sie leben, also irgendwo zwischen -2 °C in der Antarktis und 13 °C in Südafrika. Wenn Pinguine ihre Beute herunterschlucken, muß folglich die Magentemperatur drastisch abnehmen. Mit diesen Gedanken im Kopf setzte ich mich mit Kollegen des Alfred-Wegener-Instituts für Polar- und Meeresforschung in Bremerhaven zusammen. Wir entwarfen ein Gerät, welches von Pinguinen und anderen Seevögeln heruntergeschluckt werden konnte. Es sollte längere Zeit im Magen verweilen, unverdaulich und druckfest sein, zuverlässig die Temperatur aufzeichnen und durch eine Magenspülung wieder herauskommen.

Für eine erste Versuchsreihe flog ich im Juni 1990 mit meiner Familie nach Südafrika, um die Prototypen an meinen alten Bekannten, den Brillenpinguinen, nahe der Zivilisation, auszutesten. Ich ziehe es immer vor, neue Methoden an Brillenpinguinen zu erproben, da ich inzwischen mit den Tieren so gut vertraut bin, daß ich Probleme schnell erkennen und beheben kann. Diesmal arbeiteten wir auf Dassen Island, einer kleinen flachen Insel (3 mal 1 km), 80 km nördlich von Kapstadt und 5 km vom Festland entfernt. Auf der Insel nisten etwa 7000 Pinguine in Sandhöhlen, die auch unzähligen Kaninchen und Schildkröten Unterschlupf bieten. Unsere Zeit auf der Insel war sehr begrenzt, und so wollte ich die Magentemperatursensoren gleich nach unserer Ankunft ausprobieren. Kaum hatte das Boot nach einer schrecklichen Überfahrt angelegt, torkelten meine Frau Marie-Pierre und ich, jeder mit einem unserer beiden kleinen, ebenfalls seekranken Söhne im Arm, zur nächstbesten Brutkolonie. Wir waren auf der Suche nach einem Pinguin, den wir überzeugen könnten, das Gerät zu schlucken. Zum Glück fanden wir gleich einen, der sich nach der Prozedur zu seinem Nest trollte, um mich von dort aus mit einem ganzen Repertoire an Beschimpfungen zu bombardieren.

Wir markierten das Nest und versuchten dann erst, die schrecklichen atlantischen Brecher zu vergessen, die uns kurz zuvor gebeutelt hatten. Am nächsten Tag ging ich zu besagtem Nest, um zu überprüfen, ob der Pinguin mit dem Gerät im Bauch auf Nahrungssuche ins Meer gegangen war, ich war ziemlich sauer, als ich sah, daß er die Titankapsel einfach neben der Höhle ausgespuckt hatte, bevor er erleichtert, in See stach. Am Ende des Tages kehrte er zurück, voller Fisch. Sein ganzes Gebaren zeigte mir, daß er sich diebisch darüber freute, daß ich wieder einmal nicht herausbekommen hatte, wann und wo er Beute gemacht hatte. In weiteren Versuchen stellte sich heraus, daß alle Pinguine die Geräte nach einer bestimmten Zeit wieder hochwürgten. Ich mußte also versuchen, sie so kurz wie möglich vor ihrer »Abreise« zu erwischen. Tatsächlich hatten wir dann bei 70 % von ihnen Glück und die Tiere würgten das Gerät erst nach ihrem Ausflug auf See wieder hoch. So erzielten wir bereits in diesen Vorversuchen die ersten Ergebnisse!

Der Leser mag entsetzt darüber sein, daß wir es den Pinguinen zumuten, ein gut daumengroßes Gerät zu schlucken. Doch sollte man nicht vergessen, daß Pinguine auch in der Natur ganze Fische im Stück verschlucken und diese noch wesentlich größer sein können als unsere Geräte. Unser Kollege David Grémillet arbeitet an Kormoranen. Diese Tiere wiegen nur etwa die Hälfte dessen, was unsere Pinguine auf die Waage bringen. Dennoch hatte er keine Mühe, den Vögeln die Geräte zu verabreichen: Er versteckte sie in einem Fisch, den er neben das Nest legte. Der zurückkehrende Kormoran war über dieses Geschenk immer hocherfreut und schluckte das Ganze in einem Stück herunter. Fertig.

Diese Technik funktioniert bei den Pinguinen leider nicht. Obwohl Pinguine in Gefangenschaft lernen, tote Fische zu fressen, ignorieren sie in der Natur, auch wenn sie Hunger leiden, alles, was sich nicht im Wasser bewegt. Daher müssen wir unsere Versuchstiere immer einfangen, bevor wir ihnen die Temperatursensoren verabreichen können. Wie schon gesagt, ist es leicht, das Gerät zurückzubekommen. Wie andere Vögel auch würgen Pinguine von Zeit zu Zeit unverdauliche Nahrungsreste, zum Beispiel Fischgräten, wieder hoch. Man kann sich fast darauf verlassen, daß sich das Gerät nach mehr als 48 Stunden nicht mehr im Tier befindet. Daher müssen wir die Pinguine für diese Versuche nur einmal einfangen, ein großer Vorteil für uns und für sie.

Leider haben wir Biologen keine Kontrolle darüber, ob die Sensoren in der Nähe des Nestes oder woanders wieder ans Licht kommen. Wenn die Vögel sich schon im Meer übergeben, sind die Geräte unwiederbringlich verloren. Magentemperatursensoren, die außerhalb des Nestes an Land »gelandet« sind, kann man, wie beim Ostereiersuchen, mit viel Glück und Geduld wiederfinden. Dabei hilft ein Schatzsuchgerät. Unserem Kollegen Klemens Pütz erging es ganz anders. Er war nach kurzer Zeit auf Crozet (Indischer Ozean) völlig demoralisiert, da er die Mehrzahl seiner 20 Geräte (Stückpreis immerhin 300 Euro) verloren hatte. Die Königspinguine, denen er die Sensoren verabreicht hatte, waren einfach zu unzuverlässig! Er suchte am Strand und auf allen Wegen, die die Pinguine zwischen dem Meer und ihren Kolonien beschritten haben könnten. Nichts. Die französische Stationsbesatzung mutmaßte bereits, er suche nach Gold und die ganze Pinguinforschung diene nur als Tarnung. Als er dann aber eines Tages wieder einmal zusah, wie ein Königspinguin sein Küken fütterte, traf es ihn wie ein Blitz. Er rannte los und holte seinen Metalldetektor. Es zeigte sich, daß die meisten der verlorengeglaubten Geräte an die Küken weiterverfüttert worden waren!

Man mag sich fragen, ob es wirklich notwendig ist, diese ganzen unangenehmen Untersuchungen an Pinguinen durchzuführen und ob die Arbeit der Biologen die Tiere nicht übermäßig beeinträchtigt. Das ist natürlich ein heikles Thema, aber vielleicht können wir uns damit rechtfertigen, daß der Mensch die gesamte Natur, also auch den Lebensraum der Pinguine fortwährend beeinflußt, stört und zerstört. Die dabei entstehenden Probleme können wir nur dann verstehen, wenn wir die Lebensbedingungen der Tiere kennen und wissen, was sie auf See tun. Nur so können wir die Informationen erhalten, die wir benötigen, um ihre Lebensbedingungen zu verbessern und um rechtzeitig denen Einhalt gebieten zu können, die skrupellos die Natur ausbeuten wollen.

Ein Tag im Meer: die Körperpflege

Pinguineltern, die in See stechen, um Nahrung für ihre Küken zu besorgen, müssen erst einmal ihre Federn in Ordnung bringen, um vernünftig schwimmen zu können. In der Brutkolonie kann man als Pinguin (und nicht nur als Pinguin) ziemlich schmutzig werden, denn kein Nachbar achtet darauf, wohin die mit hohem Druck austretenden Ausscheidungen hinspritzen. Die Morgentoilette findet normalerweise im Wasser vor dem Strand statt. Pinguine gemäßigter und tropischer Breiten, wie Magellan- und Humboldtpinguin, habe ich oft und lange bei ihrem Badevergnügen beobachtet, während mir die Sonne den Rücken wärmte. Wenn die Vögel allerdings in der Nähe des Strandes einen herumlungernden Räuber vermuten, verlegen sie ihr Bad ins offene Meer.

Ein gut geputzter, sauberer Pinguin mit gut geordnetem Federkleid hat im Wasser sehr geringe Reibungsverluste. Sein stromlinienförmiger Körper und seine gewachsten Federn bieten dem Wasser keine Angriffsfläche. Rudi Bannasch hat an der TU in Berlin umfangreiche hydrodynamische Untersuchungen an Pinguinen durchgeführt. Er stellte fest, daß Zügelpinguine dem Wasser den gleichen Strömungswiderstand entgegenbringen wie ein 2-Mark-Stück. Bei den etwas größeren Eselspinguinen erhöht sich der Strömungswiderstand und erreicht die Werte eines 5-Mark-Stückes. Beides ist natürlich lächerlich wenig und erklärt, wieso Pinguine mit so wenig Energieaufwand durch das Wasser gleiten. Aber schon ein bißchen Schmutz, ein kleiner Ölfleck, der das Gefieder durcheinander bringt, genügt, um die Reibungsverluste drastisch zu erhöhen und dem Pinguin das Leben zu erschweren.

Pendelverkehr

Nach dem Bad schwimmen die Tiere los, um zu ihren Fischgründen zu gelangen. Beim Langstreckenschwimmen setzen sie zwei Arten der Fortbewegung ein: den »Delphinsprung« und das Unterwasserschwimmen. Delphinspringen (engl. »porpoising«) bedeutet, daß die Vögel unter Wasser mit einer Geschwindigkeit von etwa 12 Kilometern in der Stunde schwimmen. Alle 30–50 m springen sie aus dem Wasser und fliegen mit abgespreizten Flügeln ungefähr eine halbe Sekunde lang durch die Luft, bevor sie dann wieder ins Wasser tauchen. Die kurze Zeit in der Luft nutzen sie dabei zum Aus- und Einatmen. Da Pinguine soziale Vögel sind, also in Gruppen »reisen«, kann man viele von ihnen gleichzeitig bei diesem Delphinspringen beobachten. Es ist ein großartiges Schauspiel, wenn neben dem Schlauchboot ohne Unterbrechung Pinguine aus dem Wasser schießen, kurz durch die Luft sausen und beinahe lautlos wieder eintauchen. Der Delphinsprung als Fortbewegungsart ist vor allem bei Adélie-, Zügel- und Eselspinguinen sowie den Schopfpinguinen häufig zu beobachten. Andere Pinguinarten schwimmen nur dann so, wenn sie in Gefahr sind.

Unterwasserschwimmen wird von allen Pinguinarten eingesetzt und scheint nicht so anstrengend zu sein wie Delphinspringen. Bei dieser Fortbewegungsart schwimmen die Vögel nur mit etwa 8 Kilometern in der Stunde und springen nicht zum Atmen aus dem Wasser. Statt dessen kommen sie ruhig an die Oberfläche, ruhen sich einige Momente aus und beginnen dann erst mit der nächsten Unterwasseretappe. Beim Unterwasserschwimmen scheinen die Tiere länger unten zu bleiben als beim Delphinspringen. Große Arten unterscheiden sich dabei natürlich ein wenig von ihren kleineren Verwandten, aber in der Regel schwimmen sie etwa 100 m weit, bevor sie wieder auftauchen.

Katz-und-Maus-Spiele

Nachdem die Pinguine eine Weile in Richtung ihrer Fang-
gründe geschwommen sind, fangen sie irgendwann an, aktiv
nach Nahrung zu suchen. Ihr Schwimm- und Tauchverhal-
ten verändert sich dann schlagartig. Die Pinguine beginnen
mit der Suche nach Nahrung, indem sie bei Geschwindigkei-
ten von 5 – 10 Stundenkilometern mit Winkeln von 5 Grad
(flach) bis 85 Grad (steil) zum Meeresboden abtauchen. Bei
einer bestimmten Tiefe schwimmen sie dann entweder noch
ein Stück weit in der Waagerechten weiter oder in einem
ähnlichen Winkel wieder zurück an die Oberfläche.

Wie tief tauchen Pinguine, oder wie tief sollten sie tauchen? Es liegt auf der Hand, daß sie in den Tiefen nach Nahrung suchen sollten, in denen ein Vorkommen der Beutetiere
am wahrscheinlichsten ist. Ihre potentiellen Opfer bevorzugen es verständlicherweise, nicht gefressen zu werden und
versuchen daher alles, um den Pinguinen das Leben schwer
zu machen und selbst am Leben zu bleiben. Im offenen Wasser ist es nicht leicht für eine Gruppe Fische oder Leuchtgar-
nelen, ein Versteck zu finden. Daher entspannt sich zwischen
ihnen und den Jägern ein Katz-und-Maus-Spiel. Die Beutetiere versuchen sich in Wassertiefen aufzuhalten, in denen
die Pinguine sie nicht vermuten, während die Pinguine sich
den Kopf zerbrechen, wo sich ihr Mittagessen heute wohl
wieder versteckt hat.

Pinguine können zwar erstaunlich tief tauchen, aber da sie
auf die Luft zum Atmen angewiesen sind, können sie nicht
unbegrenzt lange unter Wasser bleiben. Sie haben also jeweils nur eine bestimmte Zeit zur Verfügung, um die Was-
sersäule abzusuchen, und bei einer bestimmten Tiefe ist
dann Schluß. Zum Glück für die Pinguine gibt es auch für
die Beuteorganismen gute Gründe, nicht in großen Tiefen zu
verschwinden. Tiefenwasser zeichnet sich durch einen gerin-

geren Sauerstoff- und Nährstoffgehalt aus, Nachteile für Beutetiere, die ja ebenfalls atmen und fressen müssen.

Ein Appetit wie ein Scheunendrescher

Wieviel können Pinguine auf See fressen? Ihre Verdauungsphysiologie ist ein Kapitel für sich. Klemens Pütz hat zusammen mit dem Franzosen Charlie Bost auf der Crozet-Insel festgestellt, daß Königspinguine bis zu 20 kg bei einem Beutezug, fressen können. Dies entspricht dem 1,5-fachen ihres Körpergewichts! Für einen 80-kg-Menschen würde das eine Nahrungsmenge von 120 kg bedeuten, die an einem Tag verdrückt werden müßte. Man sollte aber dabei nicht vergessen, daß Pinguine lange Zeiträume an Land verbringen und daher ihre Reserven auf See rasch wieder auffüllen müssen. Außerdem müssen die Eltern Nahrung für ihre Jungen fangen, die auch nicht unter Appetitlosigkeit leiden. Die meisten Pinguine können bis zu einem Viertel ihres Körpergewichts an Nahrung in ihrem Magen »wegstecken«. Ihr Magen beginnt im Prinzip direkt unter dem Hals und zieht sich als großer Beutel bis hinab zwischen ihre Beine. Da paßt schon einiges hinein! Für einen Menschen wäre es undenkbar, daß jemand mit 20 kg Nahrung in seinem Magen herumläuft. Aber wir haben auch nicht die gleichen Probleme bei der Nahrungssuche und der Jungenaufzucht wie die Pinguine.

Jeder, der mitgerechnet hat, wird sich wundern, wieso Pinguine zwar an einem Tag das 1,5-fache ihres Körpergewichts fressen, aber nur ein Viertel auf einmal in ihrem Magen unterbringen können. Die Antwort ist ganz einfach: Sie verdauen auf Hochtouren. Als wahre Durchlauferhitzer haben sie keine Völlegefühle nach einem Festschmaus. Nein. Pinguine können ihren Mageninhalt in weniger als sechs

Stunden verarbeiten und die darin enthaltene Energie somit extrem schnell aufnehmen. Die Nahrungsenergie wird als Fett eingelagert, um dann, während des Fastens, an Land als Energiespeicher zur Verfügung, zu stehen. Aber so einfach ist es mit der Verdauung bei den Pinguinen nun doch nicht. Sie können die Verdauung nämlich auch, wenn nötig, abschalten.

Für die Küken wäre es eine Katastrophe, wenn der Mageninhalt ihrer Eltern jeweils nach nur sechs Stunden verdaut wäre. Die Heimreise von den Fanggründen kann nämlich erheblich länger dauern. Pinguine scheinen alle Verdauungsprozesse einzustellen, wenn sie der Meinung sind, sie hätten genug Nahrung für sich selbst aufgenommen und müßten sich nun schleunigst um die Jungen kümmern. Ich habe Adéliepinguine beobachtet, die ihre Küken noch drei Tage nach einem Jagdausflug fütterten. Während dieser Zeit haben sie die Nahrung in ihrem Magen also nicht verdaut. Der Nahrungsbrei ist in dieser Zeit aber auch nicht schlecht geworden, was bei Körpertemperaturen um 39 °C immerhin ein kleines Kunststück ist. Wie die Pinguine das machen, ist bis heute noch völlig unklar und wird zur Zeit bei uns von Gerrit Peters in einer Doktorarbeit erforscht.

Der Energiebedarf

Da Pinguine die meiste Zeit ihres Lebens auf See verbringen, sind sie an das Leben im Wasser extrem gut angepaßt. Unter anderem verbrauchen sie, auch bei hohen Schwimmgeschwindigkeiten, unglaublich wenig Energie. Wieviel genau, das ist im Moment Thema heftiger Diskussionen zwischen Pinguin-Physiologen. Die von uns eingesetzten Geräte zeigen, daß Pinguine ohne zu ermüden stundenlang mit einer Geschwindigkeit von 8 Stundenkilometern schwimmen können. Eigentlich ist das allein nicht weiter beeindruckend, da auch andere Tiere in der Lage sind, vergleichbare Dauerleistungen zu erbringen. Im Gegensatz zu diesen tauchen Pinguine aber auch noch und bleiben dabei relativ lange unter Wasser.

Während des Tauchens sind die Pinguine von der Frischluftzufuhr abgeschnitten und können daher nicht ihre Sauerstoffreserven erneuern. Der in ihrem Blut und ihren Muskeln gespeicherte Sauerstoff wird während des Tauchens durch Verbrennungsvorgänge in den Muskeln und den anderen Organen verbraucht. Dies geschieht um so schneller, je höher der Energiebedarf dieser Organe ist. Daher wird die Dauer, die der Vogel unter Wasser bleiben kann, von seinen Sauerstoffreserven und deren Verbrauch bestimmt. Fällt der Sauerstoffgehalt unter einen bestimmten Wert, muß der Vogel auftauchen und »nachtanken«. Andernfalls ertrinkt er.

Die Wissenschaftler sind heutzutage ziemlich sicher, daß sie die Sauerstoffreserven eines Pinguins kurz vor dem Abtauchen genau berechnen können. Diese Reserven sind zwar beeindruckend groß, aber auch nicht unerschöpflich. Einige Wissenschaftler, Boris Culik eingeschlossen, haben versucht, den Verbrauch dieser Sauerstoffvorräte während des Schwimmens zu ermitteln, um unter anderem herauszubekommen, wie lange die Pinguine eigentlich tauchen *können*.

Ohne Zweifel hat sich Boris dazu die genaueste, aber auch schwierigste Methode ausgesucht. Er karrte hierzu ein bizarres Schwimmbecken, einen 21 m langen und nur 1 m breiten Kanal, in die Antarktis, ein Ding, das mit Zubehör drei Tonnen wog und einen Frachtcontainer mit 19 Kubikmetern füllte. Die ganze Ausrüstung wurde in Bremerhaven auf den deutschen Forschungseisbrecher »F. S. Polarstern« verladen und an Bord bis zur Ardley-Insel in die Antarktis gebracht. Die Entladung, mit Hilfe eines Landungsboots der russischen Station Bellinghausen, dauerte acht Stunden, sehr zum

Verdruß der anderen Kollegen auf der »Polarstern«, die
währenddessen nicht viel mehr als zusehen konnten. Bei
eisigem Wind und Schnee montierten wir dieses Olympia-
becken und kleideten es mit einer einzigen, unter diesen
Temperaturen ziemlich steifen Plastikfolie aus, um es was-
serdicht zu machen.

Als das getan war, mußten wir nur noch die motorgetrie-
bene Feuerwehrpumpe anschließen, die Boris im Gepäck
hatte, um vom 100 m entfernten Strand Seewasser in den Kanal zu pumpen. Das war auch wieder so eine Sache, weil die
Pumpe andauernd Algen ansaugte und Boris mit seinen
Gummistiefeln im Wasser stehen mußte, um im Eiswasser
mit bloßen Händen, die dabei ziemlich steif wurden, die Algen zu entfernen. Als der Kanal endlich voll war, wurde er
mit Plexiglasplatten abgedeckt, um die Pinguine am Auftauchen zu hindern. Luft sollten sie nur in zwei eigens dafür
vorgesehenen Kammern, Käseglocken nicht unähnlich, an
den beiden Enden des Kanals beziehen, wo sie auftauchen
konnten. Diese Atemkammern waren mit starken Pumpen
versehen, um ständig ausreichend Frischluft zuzuführen, sowie mit Ventilatoren, um die Luft innerhalb der Kammern
umzuwälzen. Ein Teilstrom dieser Luft wurde ins Labor ge-
leitet, wo Boris alles aufgeboten hatte, was mit moderner
Gasanalytik zu tun hat: drei Analysengeräte, Temperatur-,
Druck- und Feuchtefühler, Schreiber, Computer, Geräte
zum Eichen, und so weiter, und so weiter. Natürlich benö-
tigte er für all dies ausreichend Strom. Der kleine, flüsterleise
Generator lief Tag und Nacht. Damit er nicht ausging, hatten wir 2000 Liter Benzin mit im Gepäck ...

Man kann sich kaum die Spannung vorstellen, als wir den
ersten Pinguin, frisch am Strand gefangen, in den Kanal ein-
setzten: Würde er sich an die künstlichen Verhältnisse gewöhnen? Nun, es dauerte in der Regel keine zwei Minuten,
und das Tier war nach einem ersten, zugegebenermaßen et-

was panischen Tauchgang in einer der beiden Kammern aufgetaucht. Wir verhielten uns ganz ruhig, um den Pinguin nicht zu erschrecken. Nach einigen Versuchen hatte er bald herausgefunden, daß es am anderen Ende der 21 Meter langen »Rennstrecke« noch eine Kammer gab. Aus welchem Grund auch immer, schwammen er und die meisten anderen Versuchstiere nach etwa 30 Minuten Eingewöhnungszeit ruhig auf und ab. Jedesmal wenn sie auftauchten, atmeten sie und verbrauchten dabei einen Teil des Sauerstoffs in der betreffenden Kammer, was genau von den Analysengeräten erfaßt und vom Computer aufgezeichnet wurde. Es funktionierte! Nun mußte Boris nur noch für die Dauer eines Versuchs auf die Leiter, um von oben den Kanal zu überblicken und seine Beobachtungen des Pinguinverhaltens auf Tonband zu sprechen. Ich bin sicher, daß ihm auch bei fünfstündigen Versuchen die Zeit nie lang geworden ist. Allerdings war er manchmal doch etwas blaugefroren ...

Wozu das alles? Nun, bis zu diesen Versuchen hatten alle anderen Kollegen für Pinguine einen relativ hohen Energieverbrauch beim Schwimmen ermittelt. Sie hatten ihre Versuche allerdings, in Zoos oder von Schlauchbooten aus, mit Pinguinen in Unterwasserkäfigen durchgeführt oder auch ganz andere Meßmethoden eingesetzt. Kein Wunder also, daß sie an Hand ihrer Daten berechneten, daß zum Beispiel Adéliepinguine nur 46 Sekunden lang tauchen können, bevor ihre Sauerstoffreserven erschöpft sind. Da Adéliepinguine aber in der Regel länger tauchen, im Schnitt 73 Sekunden lang, war hier etwas faul. Wie sarkastische Physiologen sagen würden: »Die Pinguine hatten wieder einmal die Biologielehrbücher nicht gelesen.«

Boris' Berechnungen ergaben allerdings, daß der Energieverbrauch der Pinguine viel niedriger ist, als bisher angenommen wurde, und sie daher mit ihren Sauerstoffvorräten meistens bequem auskommen können. Dennoch muß auch er noch passen, wenn unsere Fahrtenschreiber an einigen Tieren in der freien Natur regelmäßig Tauchzeiten von über 100 Sekunden registrieren und Rekordzeiten von bis zu vier Minuten. Kurz gesagt, tauchen die Pinguine bisher zu lange, zu oft und mit zu kurzen Pausen. Vielleicht kommen sie kurzfristig ohne Sauerstoff aus? Es wird wohl noch eine Weile dauern und eine Menge Arbeit erfordern, um auch dieses Rätsel zu lösen.

Quellennachweis

RICHARD UND FLORENCE ATWATER
Mr. Poppers Pinguine aus Richard und Florence Atwater:
Mr. Poppers Pinguine. Aus dem Amerikanischen von Wolfram Sadowski.
© Middelhauve, München 1999, S. 7–68.

TITUS ARNU (* 1967)
Pinguine fliegen wahrscheinlich doch
© Titus Arnu. Erstveröffentlicht im *SZ Magazin*, 27. 10.
2001, S. 26–29, Süddeutsche Zeitung, München 2001.

CHRISTIAN BERG (* 1966)
Tamino Pinguin aus Christian Berg: Tamino Pinguin.
© K. Thienemanns Verlag, Stuttgart 2001, S. 5–41.

ALESSANDRO BOFFA (* 1954)
Wir waren allein aus Alessandro Boffa: Viskovitz, du bist ein
Tier. Fabelhafte Liebesgeschichten. Aus dem Italienischen
von Ulrich Hartmann.
© Piper Verlag, München 1999, S. 7.

THEA DORN (* 1970)
Buster
© Thea Dorn 2000. Erstveröffentlicht im *buchreport* Juni
2000, S. 88.

AXEL HACKE (* 1956)
Der Pinguin aus Axel Hacke: Hackes kleines Tierleben.
© Antje Kunstmann Verlag, München 2000, S. 66–69.

ELKE HEIDENREICH (* 1943)
Am Südpol, denkt man, ist es heiß aus Elke Heidenreich: Am Südpol, denkt man, ist es heiß.
© Carl Hanser Verlag, München 1998, S. 7–24.

ANDREJ KURKOW (* 1961)
Picknick auf dem Eis aus Andrej Kurkow: Picknick auf dem Eis. Roman. Aus dem Russischen von Christa Vogel.
© Diogenes Verlag AG, Zürich 1999, S. 5–68.

FREDDY LANGER
Der Pinguin stammt vom Menschen ab aus Freddy Langer: So weit, so gut. Unterwegs in sechs Kontinenten.
© Knesebeck Verlag, München 1998, S. 49–60.

JOACHIM RINGENATZ (1883–1934)
Pinguine aus Joachim Ringelnatz: Das Gesamtwerk in sieben Bänden. Herausgegeben von Walter Pape.
© Diogenes, Zürich 1994, Band 2, S. 19.

STEPHAN SAREK (* 1957)
Können Pinguine fliegen? aus Stephan Sarek: Können Pinguine fliegen? 13 poetische Geschichten.
© Rake Verlag, Kiel 1996, S. 24–31.

RORY WILSON (* 1957)
Pinguine auf hoher See aus Boris Culik, Rory Wilson: Die Welt der Pinguine. Überlebenskünstler in Eis und Meer. Aus dem Englischen von Barbara Wildhagen-Culik.
© BLV Verlagsgesellschaft mbH, München 1993, S. 68–93.

Delphine

Die schönsten Geschichten.
Herausgegeben von
Michaela Kenklies.
Mit zehn Vignetten. 236 Seiten.
Serie Piper

Zwischen Menschen und Delphinen besteht ein ganz besonderes Band. Viele Sagen der Griechen und Römer, der Aborigines oder Maori sowie christliche Legenden schildern, wie Delphine mit Badenden spielen und diese auf sich reiten lassen, wie sie Menschen aus Seenot retten oder Schiffbrüchige an Land bringen. Klassiker von Plinius bis Jean de La Fontaine, aber auch moderne Autoren wie Sergio Bambaren, Pascale Noa Bercovitch und Kirsten Kuhnert erzählen hier Geschichten voll tiefer Bewunderung für diese faszinierenden und intelligenten Tiere. Da ist der kleine, taubstumme Beduinenjunge Abid'allah, der durch seine Freundschaft mit einem Delphin wieder geheilt wird, oder der Delphin Alexander, der es wagt, das sichere Riff seiner Artgenossen zu verlassen, um seine eigene Bestimmung zu finden ... Die schönsten Delphingeschichten in einem Band.

Gute-Nacht-Geschichten für Frauen, die nicht einschlafen wollen

Herausgegeben von Michaela
Kenklies. 208 Seiten. Serie Piper

Kennen Sie das? Schlafloses Herumwälzen im Bett, nächtliche Wanderungen zum Kühlschrank oder einfach keine Lust zum Schlafen? Dann ist dieses Buch für Sie genau richtig! Vierzehn Gute-Nacht-Geschichten versüßen Ihnen die nächtlichen Stunden mit witzigen, erotischen und hintergründigen Erzählungen, denn was ist kurzweiliger als das Leben anderer Menschen, ihre Sehnsüchte, ihre Abenteuer, ihre Liebschaften ... Mit Witz und Charme schreiben vierzehn Erfolgsautorinnen und Erfolgsautoren über Männer und Frauen, darunter über Pam, die bei Cowboys schwach wird, über Lisa, die knackige Männerpos hinreißend findet, oder über den liebeskranken Postboten – für gute Unterhaltung ist gesorgt mit diesen Betthupferln zum Vorlesen oder Selberlesen. Lassen Sie sich überraschen!

SERIE PIPER

SERIE PIPER

Elefanten

Die schönsten Geschichten.
Herausgegeben von
Andreas Vollstädt. 284 Seiten.
Serie Piper

Die sanften Riesen lassen keinen kalt. Ihre Geduld, ihre Klugheit und ihre Loyalität sind legendär, und um ihr sagenhaftes Gedächtnis ranken sich viele Geschichten. Berühmte Autoren wie Rudyard Kipling, Mark Twain, Gustave Flaubert und Axel Hacke erzählen in dieser Anthologie von den erstaunlichen und liebenswerten Dickhäutern – und ihrer Liebe zu ihnen. In gefährlichen und heiteren, komischen und ergreifenden Geschichten wird von dem kleinen Elefanten erzählt, der die ganze Welt herausforderte, von einem Relikt aus dem Pliozän oder von dem Elefanten, der König sein wollte. Die schönsten Elefantengeschichten der Weltliteratur in einem Band.

Gute-Nacht-Geschichten für Männer, die nicht einschlafen wollen

Herausgegeben von Ingrid Kahl.
143 Seiten. Serie Piper

Endlich gibt es eine Alternative zu Schäfchenzählen, Baldrian oder Sex.
Am Mann getestet und für gut befunden sind die Geschichten dieses Buches mit siebzehn Betthupferln für ihn, wenn er noch unbedingt unterhalten sein will, wenn er sich schlaflos wälzt oder wenn sein Sägewerk nicht zum Stillstand kommt.
Die Autorinnen – darunter Brigitte Kronauer, Katja Lange-Müller, Regula Venske und Alissa Walser – liefern amüsante und erotische, komische und bissige Szenen aus dem Liebes- und Eheleben unserer Tage, vor denen jedes Nachtgespenst flüchtet.

»Was für eine pfiffige Idee!«
Der Bund, Bern

Freundinnen

Die schönsten Geschichten.
Herausgegeben von
Annika Krummacher. 272 Seiten.
Serie Piper

Wer erinnert sich nicht an die erste Sandkastenfreundschaft, an die Kumpelfreundin, mit der man Pferde stehlen konnte, und an die Seelenverwandte, die einen beim ersten Liebeskummer tröstete? Doch manche Freundinnen werden wegen eines Mannes plötzlich zu Todfeindinnen oder entpuppen sich wegen eines begehrten Jobs als Rivalinnen. Und manchmal gibt es beste Freundinnen, zwischen denen es plötzlich so merkwürdig kribbelt und die bald mehr sind als nur Vertraute … Hier sind die schönsten Geschichten über Frauenfreundschaften versammelt: von Doris Dörrie und Elke Heidenreich über Dacia Maraini und Fay Weldon bis zu Maike Wetzel und Karen-Susan Fessel. Ob bissig, erotisch, anrührend oder erfrischend – sie alle zeigen, daß die Freundschaft unter Frauen durch nichts auf der Welt zu ersetzen ist!

Schöne Ferien

Ein Sommerbuch. Herausgegeben
von Thomas Tebbe. 260 Seiten.
Serie Piper

Ferienzeit – Lesezeit! Entspannt im Liegestuhl, unter einem schattigen Baum oder auf einer duftenden Wiese – was ist da unterhaltsamer als das Leben anderer Menschen, ihre Abenteuer und Träume, ihre Liebe und ihr Leid, ihre Schrullen und Leidenschaften. In vierzehn meisterhaften Geschichten erzählt eine handverlesene Auswahl internationaler Autoren von den Wechselfällen des Schicksals und den kleinen Wundern des Alltags – mal poetisch oder nachdenklich, mal skurril oder ironisch, immer aber fesselnd, so daß man auch einen verregneten Ferientag locker wegsteckt.

SERIE PIPER

05/1334/01/L   05/1221/01/R

Sergio Bambaren

Der träumende Delphin

Eine magische Reise zu dir selbst. Aus dem Englischen von Sabine Schwenk. 95 Seiten mit 10 farbigen Illustrationen von Heinke Both. Serie Piper

Was du tust ist wichtig, wichtiger aber ist, wovon du träumst – und daß du an deine Träume glaubst. Dies ist die Botschaft, die wir von dem träumenden Delphin lernen können. Wie einst »Die Möwe Jonathan« hat dieses Buch unzählige Leserinnen und Leser auf der ganzen Welt begeistert.

Der junge Delphin Daniel Alexander ist ein Träumer: Er ist davon überzeugt, daß es im Leben mehr gibt als Fischen und Schlafen, und so verbringt er seine Tage damit, auf den Wellen zu reiten und nach seiner eigenen Bestimmung zu suchen. Eines Tages spricht die Stimme des Meeres zu ihm und verkündet, Daniel werde den Sinn des Lebens finden, wenn ihm die perfekte Welle begegnet. So beschließt der junge Delphin, das sichere Riff zu verlassen ...

Sergio Bambaren

Ein Strand für meine Träume

Aus dem Englischen von Elke vom Scheidt. 160 Seiten mit 10 farbigen Illustrationen von Heinke Both. Serie Piper

Dieser liebevoll illustrierte Band erzählt, wozu wir tief im Innersten fähig sind, wenn wir auf die Stimme unseres Herzens hören: wie John, der in seinem Leben fast alles erreicht hat und dem nur noch eines fehlt – das persönliche Glück. Als er es wagt, loszulassen und zu verzichten, findet er nicht nur den Strand seiner Träume, sondern auch den Schlüssel zum eigenen Glück.

Sergio Bambaren

Samantha

Eine Geschichte über Freundschaft. Aus dem Englischen von Susanne Janschitz. 74 Seiten. Illustriert von Michele Gold. Serie Piper

Samantha ist ein ganz besonderes Mädchen: Statt sich mit Freundinnen zu treffen, verbringt sie jede freie Minute am Meer. Als sie wieder einmal am Strand zum Himmel blickt und hofft, eine Antwort auf all die Fragen zu finden, die sie immer wieder beschäftigen, geschieht etwas ganz Besonderes: Delphi, der wilde Delphin, taucht auf und nimmt sie auf eine Reise mit ins offene Meer hinaus. Mit ihm erlebt die kleine Samantha zauberhafte Momente und das große Glück wahrer Freundschaft. Eine warmherzige und poetische Geschichte und ein wunderschönes Geschenkbuch.

Vom Autor des Weltbestsellers »Der träumende Delphin«.

Sergio Bambaren

Der Traum des Leuchtturmwärters

Ein Ort für deine Sehnsüchte. Aus dem Englischen von Gaby Wurster. Mit 10 farbigen Illustrationen von Heinke Both. 120 Seiten. Serie Piper

Als Martin auf einer seiner Reisen der zauberhaften Paola begegnet, weiß er, daß sie die Frau ist, auf die er so lange gewartet hat. Auch für Paola ist es Liebe auf den ersten Blick. Gemeinsam suchen sie nach einem Ort für ihre Sehnsüchte, nach einem Platz, der nur ihnen beiden gehört. An der paradiesischen Küste Chiles entdecken sie die ideale Stelle: in der Nähe eines alten Leuchtturms mit Blick auf die faszinierenden Stimmungen des Meeres. Sergio Bambarens Buch ist eine berührende Geschichte über den Mut, den man braucht, um seine eigenen Träume wahr zu machen – und zu erkennen, daß es die ganz große Liebe nur einmal im Leben gibt.

SERIE PIPER